中公新書 2688

JN020660

藤田達生著

戦国日本の軍事革命

鉄炮が一変させた戦場と統治

中央公論新社刊

はじめに――鉄炮がもたらしたもの

人類史の新段階

もはやIT革命など過去の話で、Industry 4.0（第四次産業革命）やDX（デジタル・トランスフォーメーション）などの新概念の浸透から、人類史は新たな段階に突入しつつあると、日々の仕事や暮らしのなかで感じることが多くなってきた。とりわけ新型コロナ禍のもとオンライン化の波が押し寄せ、現代の革命はいや増しに速度を上げている。

科学技術の飛躍的向上に伴い、歴史的な段階を異にするような変革を、私たちは今まさに体感しつつあるといってよい。日本史を振り返れば、間違いなくその一つとして、織田信長《おだのぶなが》の時代に緒に就いた、「軍事（火薬）革命」をきっかけとする様々な制度改革がもたらした統一国家の誕生が該当するであろう。

新技術が地球規模で影響を及ぼし、その日本への本格的な導入が、新たな統治思想を生み出して、国家の仕組みを根本的に変えた点で二つの時代は共通している。信長の時代の新技術とは、もちろん鉄炮《てっぽう》（当時の表記に従った）だった。様々な火器の導入・浸透によって、戦争が新たな段階へと到達したのである。それは、まさに「軍事革命」とよぶにふさわしいものだった。

素手や棒、さらには投石などによる戦争を第一段階とするならば、刀や槍《やり》、そして弓を用いた戦争は第二段階に区分することが可能である。ほぼ人力で敵にダメージを与える段階から、刃や鏃《やじり》によって致命傷を負わせる段階へと移行したのである。

戦国時代前半の戦争は、足軽《あしがる》の長槍（長柄《ながえ》）隊や弓隊が前衛を受け持った。対峙する両軍ともに、まずは悪口《あっこう》を放ち（言葉争い）、鏑矢《かぶらや》をはじめとする様々な矢を飛ばしあい（矢合わせ）、戦機が熟すると足軽同士の長槍隊の衝突が開始された。やがて頃合を見計らって、その後ろに控えていた騎馬の武士たちが、突進したのである。

この第二段階においては、戦争の規模こそ数千人規模へと拡大したが、軍備・兵粮《ひょうろう》さらには武士や足軽の体力に限界があり、数ヶ月にもわたる長期戦は、余程の準備なしには不可能だった。ところが鉄炮隊の成立によって、このような限界は乗り越えられた。

戦争の第三段階は、鉄炮をはじめとする様々な火器の導入によって招来した。これには、大きく二つの点で変化が認められる。第一が、兵士の体力消耗の軽減である。それまでの武器では、直接敵と対面して戦うため、一人の兵士が相手にできる人数と戦闘可能な時間は限定されていたのだが、それらの条件から解放された。

第二は、弓矢以上の遠距離戦闘が可能になったことである。しかも、直接敵と対面せずに馬防柵《ばぼうさく》や陣所《じんしょ》・陣城《じんじろ》（攻撃用に普請された臨時の城郭）から鉄炮を発射したため、味方の安全性が飛躍的に高まった。

この代表例としては、天正《てんしょう》三（一五七五）年五月の長篠《ながしの》の戦いにおいて、信長が馬防柵や陣城を普請して大規模な鉄炮戦をおこない、武田勝頼《たけだかつより》に快勝したことがあげられる。武田方が、内藤昌豊《ないとうまさとよ》・山県昌景《やまがたまさかげ》・馬場信春《ばばのぶはる》といった名だたる部将を失ったのに対して、「信長方は無事で強敵（武田方）を大敗させた」という（『信長公記《しんちょうこうき》』）。なお近年、武田方も相応に鉄炮を装備していたことが指摘されているが、この大敗戦を画期にいっそう増強している。

ただし正確には、鉄炮の数が勝敗を分けたのではない。たとえば平山優《ひらやまゆう》氏は、後述のように火薬や玉の保有量が原因だったとする。つまり、織田と武田の軍事力の差は、兵站《へいたん》にあったというのだ。これを聞けば、第二次世界大戦末期において日本軍が石油不足に苦しんだことを思い出すだろう。優秀な戦闘機や軍艦を保有しても、戦場に投入できなければ、役に立たなかったのである。

戦国時代後半は、大量の鉄炮とその使用に熟練した鉄炮隊を組織すれば、極端にいえば「勝てる戦争」が実現できるようになった。しかも、武器商人による安定した火薬や鉛《なまり》（玉の原料）の供給、砲術師や鉄炮鍛冶《かじ》の編成、工兵隊としての足軽・雑兵《ぞうひょう》の確保、これらの条件を満たすことができれば、第二段階の戦争とは異なって、短期間における地域統合さえ可能となった。

なお、鉄炮戦によって戦場の光景が変化したことも指摘しておきたい。鉄炮から身を守るために竹束《たけたば》が大量に用意され楯となった。木の板でできた従来の矢楯も使用されたが、竹束の需要が高まったのである。

さらに戦場で大砲が用いられるようになると鉄楯が登場し、身をかがめて進む、あるいは塹壕《ざんごう》（仕寄道《しよりみち》）を掘りながら前進することになり、騎馬兵の活躍の場は限定されることになった。ただし、大坂の陣においても騎馬戦は確認されることから、戦場に馬がいなくなったわけではない。

中世と近世の相剋

日本における鉄炮の浸透速度はすさまじく、わずか半世紀という短期間に戦国動乱を終息させ、天下統一を実現する一因になった。種々の火器の大量所有と、その効果的な配備・活用をなしえた武将が地域社会を統合して、天下人となった。国際的な新技術すなわち鉄炮の導入による軍事革命は、日本においては戦国大名領国の自立化＝分権化ではなく、その壁を突き破って国家統一＝集権化を実現することになったのである。

読者諸賢は、戦国動乱は必然的に天下統一へ向かうとみているかもしれないが、そこには大きな論理の矛盾がある。分権の延長上に集権は想定されないからである。鉄炮は、強固な分権体制をわずかな期間に強力な集権国家へ変貌させるという「異常事態」をもたらしたのであり、まさに「革命」的な歴史転換とみるべきなのだ。

鉄炮というハイテク兵器が戦争を劇的に変化させ、兵站と軍役《ぐんやく》を支える石高《こくだか》制検地の導入と官僚制度の整備がいつでも戦える新たな軍隊（常備軍）を生み出し、それらが天下統一の方向性を決定づけた。

ただし、この革命ともいうべき変革を阻む存在があった。天下人たちが本拠地とした畿内《きない》近国（近畿地方）という先進地域では、惣村《そうそん》（自治村落）を基盤とする郡中惣《ぐんちゅうそう》・惣国一揆《そうこくいっき》といった地域的な公権力が大きな力を握っていたことに注意を払いたい。なぜなら、彼らは信長による天下統一を望んでいなかったからだ。

戦国時代後半、畿内近国に鉄炮が浸透してゆく。それらを手に入れた国人領主や土豪たちは、自らはもとより村の若者たちにも鉄炮をもたせて足軽として組織し、傭兵《ようへい》として諸国で戦《いくさ》働きを請け負い、大いに蓄財した。甲賀《こうか》衆や伊賀《いが》衆、そして雑賀《さいか》衆や根来《ねごろ》衆などが、その代表的な存在である。郡中惣や惣国一揆が誇った高度な広域自治も、国人領主以下が安心して故郷を長らく離れて傭兵として働くために整備したものである。

したがって、最後まで諸一揆が強固に信長や秀吉に抵抗したのも、当該地域の人々の軍事に根ざす生活基盤が破壊されてしまうからであり、天下統一など彼らにとってあってはならないものだったのだ。

天下統一の結果、諸大名（藩主）は天下人（将軍）から領知権を預けられ、天皇からは（事実上は天下人から）官職を授けられる国家が誕生した。それは、戦国時代のような領主による領地・領民・城郭の私有を否定し、武士の官僚化を推進したばかりか、藩の創出を通じて持続的で循環型の地域社会を創出することになったのである。

鉄炮の伝来は、なぜ日本に近世という時代を誕生させたのだろうか。本書は、一六世紀の日本にもたらされた軍事革命に着目しながら、それがヨーロッパで誕生した近代国家とは異なった政治思想にもとづく統治体制、すなわち近世国家を生み出したことの歴史的意義について明らかにするものである。

〔付記〕

本書では、『信長公記』（角川書店、一九六九年）をはじめとする基本史料や、奥野高廣『増訂織田信長文書の研究』上・下巻、補遺・索引（吉川弘文館、一九八八年）、『豊臣秀吉文書集』一～七（吉川弘文館、二〇一五～二〇二一年）などの史料集を、また武器・武具については、鈴木敬三編『有職故実事典』（吉川弘文館、一九九五年）、笹間良彦『図録　日本の合戦武具事典』（柏書房、一九九九年）などを参照している。

目次

はじめに――鉄炮がもたらしたもの　i
人類史の新段階　中世と近世の相剋

第一章　ヨーロッパから日本へ……………………1

1　鉄炮伝来　1
ヨーロッパの軍事革命　「高・大・速」からの転換　鉄炮導入前の出陣風景　鉄炮伝来ルート

2　鉄炮を支えた「科学者たち」　10
鉄炮の国産化　砲術師・鉄炮鍛冶・武器商人　科学知識の導入　プロの鉄炮隊　最古級の砲術伝書　科学者としての砲術師

3　世界貿易システム　26
デマルカシオン　イエズス会と信長の利害　鉛玉の威力　鉛の流通ルートと地政学上の安土　信長の大坂城　タイ

産鉛の広がり
4　鉄炮導入と天下人の役割　44
鉄炮導入の三段階　信長の戦争　長篠の戦いの意義
土木工事化した攻城戦　大砲の威力
第二章　戦場の変貌……………………………………………………59
1　傭兵たちの自治　59
傭兵化の波　伊賀衆・甲賀衆の総動員体制　プロの鉄炮衆　自治と平和の正体
2　付城戦の時代　70
野戦の変容　付城戦の展開　信長軍の攻城戦　付城戦の実像
3　陸戦と連携する安宅船　84
木津川口の戦い　信長の軍艦　国産大砲の衝撃　安宅船の輸送・宿営機能　朝鮮出兵期の船戦と同胞意識の欠如
海賊衆のたそがれ

4　大会戦の実像　98
近世成立期の大規模戦争　西国の関ヶ原　中世権威の復活戦　政権交代

第三章　統一戦争を実現した「織田検地」……111

1　陣立書・軍法・軍役　111
京都馬揃の意義　天正十二年陣立書　陣立書の成立　軍法の成立

2　石高制検地　126
天正八年、信長の革命　貫高から石高へ　織田検地と指出　領知高と領地の分離

3　巨大兵站システム　136
不合理な中世の終焉　軍事を支えた巨大蔵入地　預治思想と兵站システム　自己神格化

4　仕置令の系譜　148
仕置のはじまり　収公の原則　信長とビタ銭　豊臣政

権による継承・発展　黄金に飾られた文明国家

第四章　軍事革命が日本にもたらしたもの……163

1　近世軍隊の誕生　163
天下分け目の戦いへ　小牧・長久手の戦い　関白軍の陣立　「天下静謐」の強制

2　「公儀の軍隊」の現実　172
豊臣大名の陣容　旧態依然の政宗軍　陣立書と軍法
近世大名軍隊の誕生　人身売買禁止令　アジア諸国に売られる戦争奴隷

3　大規模一揆と幕府軍　188
島原・天草一揆の実像　幕府の威光も及ばず　「公儀の軍隊」の限界

4　武装国家の創出　195
近世国防体制とは？　海防体制の構築　城付武器・武具の貸し出し　絵図で管理される古城　農兵の活用　近

代化を推進した新型火器
むすび——近世国家とはなにか　209
軍事革命がもたらした新時代　なぜ近世国家が誕生したのか　幕末まで活発だった鉄炮生産
参考文献　217

図作成◎ケー・アイ・プランニング

第一章　ヨーロッパから日本へ

1　鉄炮伝来

ヨーロッパの軍事革命

戦後、日本において軍事史が歴史学の重要分野として認知されるようになったのは、比較的近年のことであり、たとえば前近代分野では一九九〇年代からである。それまで全盛だったマルクス主義歴史学は、社会経済的な側面を重視する傾向にあったことから、戦争を研究の中心に据えることはなかった。また敗戦経験が、軍事に対する強い忌避《きひ》感をもたらしていたことも、少なからず影響していたと思われる。

戦勝国のアメリカにおいてさえ、階級・人種・ジェンダーによる不平等への批判や、ベトナム戦争反対運動が、戦争に対する嫌悪感をもたらし、歴史研究者が軍事史に対して否定的見解をもつようになっていたという。それでも欧米の歴史学界では、軍事革命に関する議論は、一九七〇年代から本格的におこなわれるようになり、他の学問分野にも影響を及ぼすようになった。

鉄砲がもたらした軍事革命とはなんだろうか。最初に、発信源というべきヨーロッパと、それを受容した極東日本との、その後の歴史展開の違いについて問題提起したい。

一六世紀ヨーロッパの軍事革命においては、それまでの高い城壁と尖塔的円柱型の櫓《やぐら》(ドンジョン)を中心とした中世城郭が忽然《こつぜん》と姿を消し、イタリア式築城法が誕生した。大砲の攻撃に耐えうる強固な城壁を備え、稜堡《りょうほ》(城郭や要塞の外に向かって突き出した角の部分)を配置し、死角のない星形の縄張りをもつ低層の要塞(日本では幕末に五稜郭として採用される)が誕生し、たちまちそれはヨーロッパ全域に及んだ。

このような攻城戦とともに注目されたのが、野戦におけるパイク(長槍)兵の方陣とマスケット銃兵の一斉射撃が、中世的な騎士・騎兵の衰退をもたらし、歩兵全盛の時代を迎えたことである。マスケット銃とは、先込式《さきごめ》の単発銃のことで、銃身の内部にライフル(施条《しじょう》)を施しておらず、玉も球体のため、速度も命中度も低い段階の火器である。

マスケット銃や大砲など様々な火器を工夫・活用した新たな戦争によって、ヨーロッパ諸国は軍事力の質を飛躍的に高め、またそれによって国家体制の改変を余儀なくされた。その結果、大規模な常備軍と官僚制を生み出すことになり、絶対主義国家への変化を加速したのであった。

このことに着目したジェフリー・パーカー氏は、軍事革命こそがヨーロッパ全土に大きな影響を与え、長らく非力だったヨーロッパ勢力が、アメリカ・アフリカ大陸を征服し、さらにはインドからアジアの諸国を植民地化するほどの推進力になったことを主張した。

ただし軍事革命の時期については、最初に概念を提示したマイケル・ロバーツが一五六〇年から一六六〇年にかけての、とりわけ三十年戦争におけるスウェーデン王グスタフ・アドルフの時期を念頭に置いたのに対して、パーカー氏は一四五〇年から一八〇〇年と長期にわたる時期の変化に着目している。

その後の研究において、軍事革命の時期の設定については諸説が提示されつつ、活発に議論が展開している。ヨーロッパを対象とする研究は、諸国が置かれた地理的・政治的・経済的要因の違いを意識して、軍事革命概念が深化の途上にある。それは、日本のように「天下泰平」が実現することなく、断続的に戦争が継続したことによるものと考えられる。

「高・大・速」からの転換

ヨーロッパの軍事革命との違いに着目するために、日本における戦国時代の戦争の常識から始めたい。鉄炮伝来前の伝統的な勝利の条件は、「高・大・速」だった。

高とは、敵よりも高いところに陣を取る側が圧倒的に有利なことをさす。敵陣が見下ろせるばかりか、勢いよく攻め込むことが可能で、弓を打ち込んだり、後には鉄炮を撃ちかけたりする時も有利である。なお、初期の天守は物見台の機能をもち、そこから大名が戦況を把握し、活躍した家臣に恩賞を与えた例もある。

大とは、騎馬の体軀《たいく》をさす。当時の国産馬の平均的体高は、四尺すなわち約一二〇センチメートルといわれる。なかには信長の愛馬・浪《なみ》かけのように、一四〇センチメートルをはるかに超える大型の名馬もあった。体軀に恵まれ鍛え上げられた馬は、足が速く獰猛《どうもう》で戦車といってよいほどの力を発揮したので、諸大名は競って駿馬《しゅんめ》を得ようとした。

速とは、軍勢の移動速度をさす。とりわけ、良馬を数多く組織した軍団は強力だった。馬上からの弓や槍による攻撃は圧倒的で、相当の破壊力を発揮した。戦国時代の馬上打物《ばじょううちもの》（馬に乗って刀や槍で戦うこと）を否定的にみる向きもあるが、鉄炮浸透以前は普通におこなわれていた。

以上をふまえると、木曽馬《きそうま》に代表される名馬の産地が多い東国が軍事的に有利だったことがわかる。この軍事力における東高西低の傾向を打ち破ったのが、鉄炮の伝来だった。もちろん、数百挺《ちょう》あるいは数千挺規模での大量かつ組織的な使用が可能になってからのことである。

ずば抜けた殺傷能力に加えて、副次的効果というべきではあろうが、激しい発射音が人馬に与える影響も少なくなかった。慣れない馬が一斉に竿立《さおだ》ちになることによって、コントロールがきかなくなったり、騎馬した武士はもとより、周囲の者にも被害が及ぶことがあったからである。

鉄炮のみならず東国大名が入手に苦労した火薬・鉛の供給という点においても、鉄炮鍛冶や武器商人の拠点である和泉《いずみ》国堺《さかい》（大阪府堺市）や近江《おうみ》国国友村《くにともむら》（滋賀県長浜市）を抱える畿内近国の有利さは歴然としていた。これらの地の掌握こそが、信長・秀吉《ひでよし》による天下統一の前提でもあったのだ。

なお、日本において大砲戦が本格化したのは、文禄・慶長《けいちょう》年間（一五九二〜一六一五年）のことだった。初期においては、イエズス会宣教師とキリシタン大名が大砲とその技術を独占していたからである。信長が使用した大砲も、九州のキリシタン大名大友宗麟《おおともそうりん》が献上したものだった。

鉄炮導入前の出陣風景

鉄炮伝来以前の戦国時代の一般武士は、戦争において武器を弓→槍→刀の順でおおむね使用した。対峙する両陣営は、戦端が切られて後、徐々に接近戦となってゆくが、一日中戦闘を続けることは困難だった。

まず矢種に限界があり、馬上槍にしても太刀《たち》や打刀《うちがたな》（日本刀のこと、以下では刀と記す）にしても、必ず刃こぼれと曲がりや折れが発生するからである。いうまでもないが、これらの武器はいずれも消耗品であり、種類（大太刀や鎧《よろい》通しなど用途に応じて様々）も量もそれなりの予備を持参するのが普通であり、武装してそれを使用する人間の体力の消耗も激しかった。

武士は、伝統的に騎馬で出陣する。木曽馬に代表される軍馬は、その育成に相当の手間暇《てまひま》がかかった。馬の種類や体軀は、持ち主の身分を表した。基本的に移動手段として利用したが、当然のことではあるが戦場で騎馬戦がおこなわれることもあった。

その場合、人馬が一体となって戦うため、馬にも鎧（馬鎧）を着用させることがあった。去勢していない雄馬《おすうま》は獰猛で、戦場で敵の馬や武士を殺傷するほどの実力を発揮した。鉄炮戦が一般化すると、標的になりやすいこともあって騎馬戦は一気に下火になった。しかし、慶長年間になっても、戦場に騎馬は登場した。白兵戦の場合、よい敵を探すのに有利だったし、いち早く移動することができ、撤退も素早くおこなうことができたからである。

ただし、この時代の武士は騎馬戦に有利な沓《くつ》（鐙《あぶみ》使用に適した革製の履物）よりも歩行戦に適した草鞋《わらじ》や、その半分の長さの足半《あしなか》を履いた。たとえば、信長クラスでも戦場において足半を腰にさげており、元亀《げんき》四（一五七三）年の刀根山《とねやま》合戦では恩賞として兼松正吉《かねまつまさよし》にそれを与えている（『信長公記』）。

元来、騎射や馬上槍は武士の嗜《たしな》みではあったが、必ず使用時に死角ができるので、それをカバーする従者の存在が不可欠だった。そもそも、戦場に武士は単独で参陣することはできなかった。馬の口取りをはじめとする歩行の雑兵が付いたし、その周囲を馬上の一族・郎党が護衛した。それに雑兵が率いた兵粮や飼葉《かいば》などを載せた駄馬《だば》が追随するのが、彼らの伝統的な出陣風景だった。

なお、兵粮は基本的に持参である。敵地で稲薙《な》ぎ・麦薙ぎをして得ることもあったが、収穫前の稲や麦は実入りが悪かった。ましてや、乱取りによって敵方から調達するのはリスクが大きく、例外的だった。後の朝鮮出兵でもそうだったが、戦場でもっとも恐ろしいのは、兵粮が尽き飢餓《きが》に苛《さいな》まれることだった。戦争が長期化する戦国時代後半以降、戦場では市が立ち、商人が出入りするようになるのである。

武士は、日頃から戦争のための修練が不可欠だった。馬術・弓術・槍術・剣術については、戦国時代までに大坪《おおつぼ》流・日置《へき》流・新当《しんとう》流などの代表的な諸流派が成立しており、師弟の間に免許皆伝が伝授・認可される印可《いんか》制度が存在した。

戦国時代の新兵種として注目されたのが足軽以下の雑兵だった。彼らの得意とする武器は、長槍である。腕自慢・力自慢の若者が雇われて、最長で信長の長槍隊のように三間半（約七メートル）もの長大な槍をもち、横隊で叩くように振り下ろしながら前進するのである。

それだけでも威力があったし、槍衾《やりぶすま》をつくれば騎馬部隊に十分対抗できたから、長槍隊の効果は絶大だった。諸大名は、槍の長さを競いつつ長槍隊の編成に心がけた。ただし、長大な長槍を使いこなすには足軽たちを専属で雇って訓練せねばならないため、それ相応の資本力がないと不可能だった。

戦国時代前半の戦争は、規模こそ数千人規模へ拡大したが、軍備・兵粮さらには武士や足軽の体力に限界があり、何ヶ月にもわたる長期戦は不可能だった。しかも勝敗が偶然性に左右される側面もあったから、天下統一など想像もできなかった。

ところが鉄炮の導入に端を発する軍事革命によって、このような限界は克服されることになった。戦国時代後半の戦場に注目しよう。科学兵器としての鉄炮がもたらした「勝てる戦争」の意義を問いたい。

鉄炮伝来ルート

それでは、鉄炮はヨーロッパからいかに伝わったか。まずは鉄炮伝来に関する研究の新たな潮流を紹介する。

明治時代以来の通説は、天文《てんぶん》十二（一五四三）年に種子島《たねがしま》へのポルトガル人漂着によって南蛮銃が伝来したとする「鉄炮記」（後述）にもとづくものだった。それに対して、鉄炮遺品や関係史料の分析によって、種子島への伝来は一事例に過ぎず、それ以前に、倭寇がマラッカなど東南アジアで使用されていた火縄銃を伝えたとする、宇田川武久《うだがわたけひさ》氏の説が脚光を浴びた。

これに加えて、倭寇《わこう》すなわち寧波《ニンポー》（浙江《せっこう》省東部にあった勘合貿易の港湾都市）沖の舟山《しゅうざん》群島を拠点にした中国人密貿易商人のなかでも代表的な存在であった王直《おうちょく》（五峰《ごほう》）が、自らのジャンク船（中国製の木造帆船）を使って天文十一年にポルトガル人を種子島に導いて鉄炮が伝来したとする、村井章介《むらいしょうすけ》氏の説もある。

これらの説からは、倭寇が介在した琉球《りゅうきゅう》や環日本海諸地域などへの鉄炮の多様な伝来のありかたが想起されるであろう。歴史的な出会いとみられてきた種子島への鉄炮伝来も、ワンオブゼムだった可能性が高まったのである。ここでは、初期の受容が海賊の拠点であった瀬戸内海でみられることを指摘しておきたい。

京都東福寺の僧侶が記した旅行記「梅霖守龍《ばいりんしゅりゅう》周防《すおう》下向日記《げこうにっき》」の天文十九年九月十九日条

によると、同日の午刻（十二時頃）、備前《びぜん》日比島（岡山県玉野《たまの》市）の付近を航行していた梅霖守龍一行の乗った船に海賊船が近づき、両船の間で交渉がおこなわれたが不調に終わり、戦いが始まったという。海賊が矢を射たのに対して、鉄炮で応戦したので、海賊側は多くの負傷者を出したことを記している。

弓（最大射程三八〇メートル）に対して、格段に射程の長い鉄炮（最大射程五〇〇メートル）をはじめとする火器は、陸戦以上に海戦に有効な武器だったことを、この記事は物語っている。それにしても、この事例は天文年間（一五三二〜一五五五年）に早くも西国社会で鉄炮が浸透していたことを暗示するものである。

2　鉄炮を支えた「科学者たち」

鉄炮の国産化

鉄炮の国産化については、きわめて短時間で可能になったようだ。これについては製造地ごとに様々な背景があったと予想されるが、種子島と国友村に伝わる一般的な理解を示しておきたい。

天文十二年（一五四三年。現在では天文十一年に修正されている）八月に、王直に従ったポルトガル人が乗船したジャンク船が種子島に漂着した。島主の種子島時尭《ときたか》は、彼らをもてなしたが、その折に彼らが携えた火縄銃の試射をみてその威力に感心した。自身も隣接する大《おお》隅《すみ》国の禰寝《ねじめ》氏との戦争で苦慮していた時尭は、二挺を買い求め、そのうち一挺を種子島の刀鍛冶に貸して複製することを命じた。

よく知られた通説であるが、これは慶長十一（一六〇六）年に種子島久時《ひさとき》が祖父時尭を顕《けん》彰《しょう》するべく、大龍寺《だいりゅうじ》（臨済宗《りんざいしゅう》、鹿児島市）を開山した南浦文之《なんぽぶんし》に執筆させた「鉄炮記」にもとづくものであり、信憑性《しんぴょうせい》という点ではいささか疑問符が付く史料である。

担当した八板金兵衛《やいたきんべえ》は、高熱にも長期間の使用にも耐える銃身の製作は刀鍛冶の技術を投入して成功したが、銃底を塞《ふさ》ぐ尾栓《びせん》の加工に頭を悩ませた。ここを取り外せる構造は、銃身の清掃や不発弾の除去などのメンテナンスにおいて、必要不可欠だったからである。尾栓としての雄ネジと雌ネジの工夫については、娘若狭《わかさ》をポルトガル人に差し出して得たとする悲話を伴い、今に伝承されている。

種子島氏が購入したもう一挺は、島津《しまづ》氏を通じて将軍足利義晴《あしかがよしはる》に献上したという。義晴も、天文十三年二月に複製品の製作を国友村の善兵衛《ぜんべえ》・藤九左衛門・兵衛四郎・助太夫ら四人の刀鍛冶に命じた。彼らも尾栓の技術に苦しんだが、わずか六ヶ月で二挺の鉄炮を製造して献上した。これは、奥書に寛永《かんえい》十（一六三三）年三月と記す「国友鉄炮記」（実際の成立は元禄《げんろく》五（一六九二）年以降とされている）によるものである。

有名な由緒記にもとづいて紹介したが、これらはいずれも諸書の関係記事を適当につなぎ合わせたもので、信憑性は低いことが知られている。それでも、種子島といい国友村といい、わずかな期間で国産化したのは事実である。

鉄炮は、それ以前にも中国や朝鮮に伝わっていたのであるが、国産化という点で日本はアジア諸国においても最速だったとされる。しかも高品質だったから、命中率が比較的高く信頼性も高かった。関与したのが刀鍛冶だったように、優れた日本刀の鍛造技術が活かされたといわれる。鉄炮の国内普及は、早くも永禄《えいろく》年間（一五五八〜一五七〇年）には本格化した。

砲術師・鉄炮鍛冶・武器商人

鉄炮の実戦への導入の背景としては、まず火器の取り扱い全般に長じた砲術師によって、鉄炮の扱い方や火薬の調合法が戦闘員（大名から足軽に至るまで）に広く浸透したことがあげられる。それには、稲富一夢《いなとみいちむ》（祐直《すけなお》）のような廻国する揺籃《ようらん》期の砲術師たちの活躍が想定される。次に重要なのは、国産鉄炮の量産システムが完成したことである。

これに関連するのが、製作者としての鉄炮鍛冶集団の成立である。その代表は、なんといっても堺と国友村であるが、紀伊《きい》国根来（和歌山県岩出《いわで》市）や近江国日野（滋賀県蒲生郡日野町）の鉄炮鍛冶も有名である。さらに、武器商人の存在も欠かせない。鉄炮に必要な火薬（焔硝《えんしょう》に炭と硫黄《いおう》を調合した黒色火薬）や玉の原料の鉛などを調達する武器商人は、領主と生産者たる鉄炮鍛冶とをつなぐ役目を果たす。

なお、硝石《しょうせき》（焔硝）であるが、当時は国内では得られず、産地の中国をはじめとするアジア諸国との貿易に依存していたから、かなり高価だったことも指摘しておきたい。たとえば、信長は上洛した翌年に撰銭《えりぜに》（商取引の際に、良貨を撰び、悪貨を拒否すること）に関する規定を発するが、金銀をもって売買する高級品のなかに「薬」すなわち火薬をあげている。

硝石が国産化できた時期の詳細は不明であるが、一般的には江戸時代になってからとみられている。「煙硝《えんしょう》」と記されるが、一向一揆の拠点越中五箇山《えっちゅうごかやま》（富山県南砺《なんと》市）で戦国末期から織豊《しょくほう》期にかけて生産され始め、大坂本願寺と一向一揆に供給したとする説もある。

また鉄炮玉の原料である鉛も、安価な国内産もあるが、遺物を分析すると、その多くを国外に依存していたことがわかっている。硫黄が輸出するほど豊かだったことに比して、肝心の硝石や鉛の確保がネックになっていたのだ。

いずれも、仲介人としては東アジアの武器商人と南欧（スペイン、ポルトガル）商人やイエズス会関係者などが想定され、彼らは今井宗久《いまいそうきゅう》などの堺商人と結託し、信長のもとに集中するルートを形成していた。国際貿易を介して、日本の武器商人はアジア諸国からそれらを大量に輸入していたのである。

たとえば、硝石の産地は中国の山東省や四川省だった。またタイ西部のソントー鉱山で産出された鉛は、要港である同国のアユタヤやマレー半島のパタニに集積され、これらが南欧商人によって日本に輸入されたというルートが、平尾良光《ひらおよしみつ》氏によって指摘されている。

このように、鉄炮の量産・浸透システムは、砲術師―鉄炮鍛冶―武器商人（国際商人を含む）という三者間の緊密な関係が成立しなければ、誕生しなかったのである。「勝てる戦争」を保障した鉄炮であるが、高価な消費財そのものであり、その運用のためには常に資本の拡大すなわち領土の拡張と収奪の強化が必要不可欠だった。

一度鉄炮の破壊力を知ると、たちまち数量をそろえたいという欲望に目覚め、必然的に高価な硝石を大量に確保したいという欲求に駆られるようになる。ここにこそ、抜け目のないイエズス会をはじめとする諸勢力が政治に付け入る隙が生まれる。信長の天下統一事業の背景には、勝ち続けるための飽くなき富の追求があった。巨大な財源の確保に向けて戦争が目的化し、継続してゆくことになる。

科学知識の導入

鉄炮をはじめとする様々な火器、たとえば石火矢《いしびや》・国崩《くにくずし》（大砲）・仏郎機《フランキ》（ヨーロッパ製の後装式大砲）などの戦場への投入によって、戦争に本格的な科学知識が必要となり、やがて浸透するようになった。ちなみに、それまでの精神論に満ちた武術の印可状が、砲術のそれには図や数式が記されるようになるのも、大きな特徴である。

砲術師は、目標を正確に攻撃するために、火薬の調合法や鉛をはじめとする様々な素材と形態からなる玉の製造方法を伝授した。ちなみに、火縄銃はライフルを施していないため、散弾を込めることも、玉を糸などで結わえて二つ玉・三つ玉を込めることも可能だった。発射する鉛玉の重量に応じて、小筒《こづつ》・中筒《なかづつ》・大筒《おおづつ》の区別があり、足軽は小筒を、一般武士は中筒を使用することが多かった。

大砲の場合は、仰角・玉行《たまゆき》（弾道）の計算など複雑な数学的知識が必要である。軍配者（軍師）による神慮占筮《しんりょせんぜい》や経験知に支配された戦争に、本格的に科学が導入されたのであった。

ヨーロッパにおいて、鉄炮は大量に発射することで弾幕を張り威力を発揮することを眼目とした。当時の鉄炮には個体差がつきもので、ライフルを施していないことから玉の飛び方に癖があり、標的を狙うには相当の訓練が必要だった。にもかかわらず、日本においては、命中させることに注力したようである。

たとえば、天正十二（一五八四）年四月九日の長久手《ながくて》の戦いにおいて、森長可《もりながよし》（美濃金山《かねやま》城主）は水野勝成《みずのかつなり》配下の鉄炮足軽の狙撃によって、眉間《みけん》を貫かれて戦死したといわれているように、鉄炮で落命した武将は少なくない。

火器による戦闘が、玉傷の治療すなわち外科医術の発展を促したことも忘れてはならない。毒性をもった鉛玉が体内に入った場合、ただちに摘出するか、患部を切断するしかなかった。伝統的な医術では対応が困難だったのである。

たとえば『雑兵物語』からは、雑兵には「外科の心得」のある者がいたことがわかる。また鉄炮の伝来と時を経ずに、宣教師の布教と相まって南蛮流外科医術が受容されたとする指摘も重要である。

プロの鉄炮隊

ここで、鉄炮の扱いに長じた傭兵部隊すなわち鉄炮衆についてふれたい。その代表として、根来衆や雑賀衆があげられる。根来衆は新義真言宗《しんぎしんごんしゅう》総本山根来寺（和歌山県岩出市）の僧兵集団で、数百人規模の鉄炮隊を結成し、「根来衆《ネゴロス》は戦争を職業とし、戦闘に赴くために諸侯《セニョレス》に雇われる」（『フロイスの日本覚書』）と記されるように、傭兵として諸国の戦陣に加わったといわれる。

鉄炮の伝播《でんぱ》が早かった紀伊国においては、根来寺門前で鉄炮の製造もおこなわれ、雑賀でも製造された可能性が指摘されている。これは同時に、根来衆や雑賀衆のように戦争を生業とする組織的な鉄炮集団を誕生させた。

鉄炮は、集団的に使用して威力を発揮するもので、寄せ集めの部隊よりも日常的に訓練を積んだプロ集団が扱うほうが適しているのは当然だ。大量生産された鉄炮には、個体差がつきもので、玉行をはじめ種々の癖があったからなおさらである。先述した根来衆は後に毛利《もうり》氏の家臣となったり根来組として徳川幕府に仕えたが、いずれも鉄炮衆としての活躍が期待されている。

信長や秀吉の鉄炮隊が大規模だったのは、合戦にあたって、直属の鉄炮隊だけではなく、麾下の大名以下のそれも集めて編成し、集中投下したからである。以前から、長槍隊は戦争に臨むと仕える主君のもとを離れて大将の指揮下に入り、備《そなえ》の前線に配置されていた。彼らは、元来村に住む百姓の若者で志願して足軽になった者たちだった。鉄炮隊に属した足軽たちも同様で、いずれも傭兵的な色彩が濃かった。

長槍隊は、訓練して横隊のフォーメーションを守りつつ長槍を叩きながら前進する、あるいは槍衾をつくるなど、日常的な訓練を必要としていた。丈の長い槍を組織的に使用することができれば、鉄炮戦が日常化する以前ならば最強の部隊となった。鉄炮隊も、長槍隊と同様に日常的な訓練をしながら、戦争に臨んで混成部隊を形成したのである。

天正十二年三月、羽黒《はぐろ》（愛知県犬山市《いぬやま》）に出陣した家康は、そこに三千人もの軍勢を配置していた森長可勢と交戦した。奥平信昌《おくだいらのぶまさ》をリーダーとする奥平衆は、「鉄炮の上手也」（『当代記』）と記されているように、三倍の兵力をもつ森氏の軍隊に勝利している。優秀な鉄炮隊は、軍勢の多寡《たか》を覆すだけの能力を発揮したことがわかる。

読者諸賢のなかには、鉄炮も長槍と同様に規格が一緒なのだから腕前の差はそれほど出ないと思う向きもあるだろう。しかし、鉄炮における根来衆や雑賀衆のような諸国に名の通った長槍隊はいなかったではないか。彼らが求められたのは、口径が大きく破壊力のある大型火器の使い方が巧だったからに尽きる。解説しよう。

まずは、玉の素材と大きさからである。加工しやすい鉛ばかりではなく、用途別に様々な素材が使用されたし、ライフルを施していないため玉を結わえて二つ玉・三つ玉としたり、釘のような金属を固めて散弾にすることもあった。

鉄炮の種類は、玉目《たまめ》（玉の重量）によって〇匁筒とよばれ、それらは大別すると小筒（三匁程度、足軽が扱う）・中筒（八〜一〇匁程度、士筒《さむらいづつ》といって主に武士が扱うものもある）・大筒・大砲に区分される。大筒や大砲からは、炮烙火矢《ほうろくひや》や棒火矢《ぼうびや》が発射され、城攻めなどに活用された。炮烙火矢と棒火矢はともに焼夷弾《しょういだん》で、前者は火薬と鉄片や鉛玉などからなる「炮烙」を矢にセットしたもの、後者は三枚羽根をもつロケット状のものである。やがて火縄銃ながら、馬上筒、短筒という片手で発射できる軽量なものや連発銃まで開発された。

これらを使用するには、様々な知識が要求された。特に、大砲の場合は目標への距離を測り、仰角《ぎょうかく》を計算せねばならなかったから（これは現在も同じ）、訓練と実戦経験に加えて数学的知識が必要だった。したがって、足軽が鉄炮を発射できることと、雑賀衆などが巧みに様々な火器を操ることとには、技量的に雲泥の差があったのだ。

これについては、研究者ですら「鉄炮は、ひととおりの操作さえ覚えてしまえば、命中精度はともかく射程や貫徹力は基本的に同じである」と理解している向きが少なくないようだ。鉄炮をはじめとする火器は玉目別に種類が豊富で、撃ち方も様々だった。それらを使いこなす鉄炮隊の力量が、勝敗を決定づけるようになっていた。

優秀な鉄炮衆を必要に応じて雇うとともに、諸大名は大規模な鉄炮隊を編制するために、優れた砲術師を高禄で召し抱えるようになる。たとえば、信長に砲術を教えた橋本一巴《はしもといっぱ》の一族と推定されている橋本道一《みちかず》は織田信雄《のぶかつ》に仕官していた。それについては、天正十二年から同十四年七月以前の信雄の知行形態を示す「織田信雄分限帳」で確認することができる。

橋本道一は、尾張国中島《なかじま》郡を中心とする七百三十貫文の領地のほか、「御鉄炮衆」すなわち信雄直属の鉄炮衆を養うために、二千二百五十貫文の領地も給与されたのだった。このように廻国の砲術師も、徐々に大名家臣として定着していったのである。

最古級の砲術伝書

文禄・慶長年間（一五九二～一六一五年）における大砲戦の普及に伴い、砲術師や火器の扱いに長じた武士が、大名の家臣に取り立てられていった。それに対応するように、当該期に作成された砲術伝書が伝来している。

次に紹介するのは、砲術師余（与）田重虎が作成した文禄二年の砲術伝書（冊子、縦一五・六センチメートル・横九・五センチメートル）である。宇田川武久氏の研究によると、文禄年間（一五九二～一五九六年）以前の鉄炮伝書はわずか四点しか伝存しないことから、最古級に属する。

これは、広島城主時代の福島正則《ふくしままさのり》の直臣野田秀清《のだひできよ》（四百石取）の家に伝来した「野田家文書」（愛媛県新居浜《にいはま》市、別子銅山記念図書館所蔵）に含まれる。伊予国宇摩《うま》郡（愛媛県四国中央《しこくちゅうおう》市）出身の秀清は、砲術を得意としたようで、天正十三年の秀吉の四国国分《くにわけ》（領土交渉）に関係する毛利氏との戦争に敗戦した後、福島正則に仕官し、広島城の万石取りクラスの重臣屋敷地区である郭内の一等地に屋敷が与えられた。

余田氏については不明であるが、別の伝書では島津氏を名乗っている。想像をたくましくすると、九州から四国へと鉄炮が伝わったことから、その流れのなかに位置づけられるのかもしれない。

鉄炮薬こみ《（込）》

一、三匁玉ニハ薬三匁こミにて二町五段、但口伝、
一、三匁五分の玉ニハ薬三匁五分こミにて三町、但口伝、
（中略）
一、九匁の玉ニハ薬十匁こミにて九町、但口伝、
一、十匁目玉ニハ薬十一匁こミにて十町〔射程約一〇〇〇メートル〕、但口伝、
右、中御の薬こミ也、

大鉄炮の薬こみ

一、十五匁玉ニハ薬十七匁こミにて拾四町、但口伝、
一、十六匁玉ニハ薬十八匁こミにて十五町、但口伝、
（中略）
一、四十五匁玉ニハ薬四拾八匁こミにて三十五町、但口伝、
一、五十目玉ニハ薬　五十九匁こミにて四拾町、但口伝、
右、大鉄炮薬こミ也、
一、はらかん《（子母炮）》・国くつ《（崩）》しの薬こミハ玉のほとによりこミ候也、

中つく小つく薬一もり

一、三匁玉ニハ地薬の上に五段ノ付薬二分まし（増）、

一、三匁五分玉ニハ地薬の上に五段に付て薬三分まし、但口伝、

（中略）

一、九匁玉ニハ地薬の上に、五段ニ付て薬壱匁二分まし、但口伝、

一、十匁玉ニハ地薬の上に、五段ニ付て壱匁三分まし、但口伝、

種島鉄炮ひつかけ

一、玉三匁の鉄炮を寸三匁一分、長さ二尺三分本九分さき（先）七分、

一、玉三匁五分の鉄炮ハ寸三匁七分、長さ二尺五分本の口一寸さき八分、

（中略）

一、玉四十五匁の鉄炮ハ寸四十七匁、長さ三尺九寸、

一、玉五十目の鉄炮ハ寸五十三（匁脱）長さ四尺一寸、

文禄二年　与（余）田彦助

八月日　重虎

本史料は、署判されていないことから写《うつし》とみられる伝書である。これは、ほぼ同サイズ・

同装丁の金泥仕上げの全九冊の砲術伝書のうちに含まれる。ここでは、鉄炮と大鉄炮について、玉目と玉薬の量と玉の飛距離との関係が記されている。大型火器である子母炮《ハラカン》・国崩については、玉の種類によって玉薬の量が変わってくる。

また南蛮銃と思われる種子島銃の仕様についても記されており興味深い。たとえば「一、玉三匁の鉄炮を寸三匁一分、長さ二尺三分本九分さき七分」の意味は、玉目三匁の鉄炮は、銃身の長さが二尺三分、銃身の太いほうの本口が九分、銃口の先（末）口が七分ということである。鉄炮の形状・口径は流派によって異なるので、わざわざ記したのであろう。

科学者としての砲術師

玉の種類については、伝書中の一冊（縦一五・三センチメートル・横九・五センチメートル）に詳細が記されている。それには、「ひきお玉」「つりを玉」「かミこ□玉」「いわたこ之玉」「つ、こミ玉」「紙まき玉」「わたまき玉」などの絵図がある。

さらに「大鉄炮にてやくら《櫓》なとにうちかけ候玉也」「はらかんにて大勢の中へうちこむ事あらハ、此玉よき也」「国くつし《崩》ニて大勢の中へ打こむ事あらは、此玉よく候」という図解があって、それぞれの製造法もわかる。また他の冊子の伝書には、火薬の詰め方の図解や、製造に必要な灰の種類や、含まれる焰硝や硫黄の勢いを強めるための加薬の秘伝が記されているので、こちらも紹介したい。

「石火矢の心もち《（持）》」では、石火矢・国崩・子母炮などの多様な大砲を使用するための口伝が記されている。火薬や玉の製法と大砲の射撃に関する秘伝がなされたことがわかる。

「ほうろく火やの事」では、種々の炮烙火矢の製法が伝えられたことがわかる。

「石火矢寸法の事」では、火薬と石火矢の銃身の長さとの関係について記されている。これによると、中筒は火薬百目を込める長さ四尺五寸のものから、火薬五百目・長さ七尺一寸までのもの、大筒は火薬七百目・長さ七尺三寸から、火薬一貫目・長さ九尺一寸までのものと定義されている。

「石火やしこむ《（仕込）》やうの事」と「大つ、のしこミやうの事」では火薬の量と有効距離との関係が、さらに「石火やしこむ薬加減」と「大つ、しこむ薬かけん」では、火薬の量と玉目との関係が記されている。

以上紹介した秘伝書は、大砲をはじめとする種々の火器の取り扱い方を中心とする最古級の砲術伝書である。

近世初頭においては、剣術をはじめとする武術には多くの流派が形成され、有名な柳生宗《やぎゅうむね》矩《のり》『兵法家伝書』や宮本武蔵《みやもとむさし》『五輪書《ごりんしょ》』のような、様々な伝書が作成された。これらがおしなべて精神論であるのに対して、砲術伝書は一般的に火薬の調合法をはじめとする種々のデータや図が記され、科学的な内容を特徴とした。近世初頭の砲術師は、武芸者であるのと同時に、技術者・科学者でもあったのだ。

わずか半世紀における鉄炮をはじめとする火器の全国的な普及は、戦争の形態を激変させた。優秀な鉄炮鍛冶集団と武器商人そして砲術師を抱え、大規模な鉄炮隊を組織した権力こそが、天下を統一する時代になったのである。

火器の使用全般に通暁した砲術師は、高禄を与えられ仕官するが、他の武芸者とは異なり技術者・科学者的な存在であった。特に大砲の取り扱いには、相当の知識と経験が必要とされた。火薬の調合法や仰角・玉行は、季節や天候により、日々異なったからである。

あわせて、鉄炮をはじめとする様々な火器を扱う兵士にも相当の知識が必要とされ、実戦を重ねながら腕前を上げていったものと思われる。長槍とは異なって、火薬を取り扱うことから危険性も高く、近距離射撃の訓練である小目当《こめあて》や遠距離のそれである町打《ちょううち》を欠かさなかった。大名お抱えの砲術師のもと、厳しい訓練が重ねられたのである。

3　世界貿易システム

デマルカシオン

前節でもふれたが、近年の研究によって、信長がイエズス会を介して硝石や鉛を大量に確保していたことが指摘されている。イエズス会宣教師によって、タイ産鉛と中国産硝石がセットで輸入され、堺商人を経由して信長のもとに届けられたとみるのである。

その根拠は、メダイ（キリスト教聖品アクセサリー）や十字架や指輪といったキリシタン遺物に使われている鉛が、鉛同位体比分析によって、日本で使われた鉄炮玉の原料と同じタイのソントー鉱山産と判明したからだ。イエズス会と信長の親密さの背景には、キリスト教保護の見返りとしての軍事協力があったとわかる。

宣教師たちの鉛と硝石の入手ルートとしては、タイのアユタヤやパタニなどで鉛を積み、中国のマカオなどで硝石を購入、そこから九州そして土佐沖を通る南海路を経て、紀淡《きたん》海峡を通り抜けて堺に至る航路が想定されている。信長は、土佐の長宗我部《ちょうそかべ》氏とは明智光秀《あけちみつひで》を介して良好な関係を築いていたし、真鍋《まなべ》氏ら和泉水軍も麾下《きか》に組織して紀淡海峡の制海権を掌握していた。

宣教師たちは、軍事物資の輸入のほかにも、異教徒を対象とする人身売買や高級品である生糸の輸入にも関与したことがわかっている。布教資金の確保のためにはなんでもした、というのが現実だった。特に、信長を勝たせるために「死の商人」を演じたのには、理由があった。

大航海時代のうねりが、ヨーロッパで始まった軍事革命を極東の島国日本にもたらした。この時代の代表的人物として私たちが思い浮かべるのは、コロンブス、マゼラン、ヴァスコ・ダ・ガマといった航海者、探検家、商人たちだろう。彼らが活躍できたのは、ヨーロッパ諸国において、夜間航行すら可能な羅針盤を用いた航海技術が普及し、さらに向かい風を受けても前進可能な大型帆船・ガレオン船が造船されるようになったからだ。

スペインやポルトガルといった南欧諸国は、優秀な航海技術を武器に莫大な富を求めて海外征服をめざすことになる。彼らは、あらかじめ利権がぶつからないようにするために、ローマ教皇も交えてキリスト教以外の異教徒の世界を二分した。両国間における排他的な航海領域の設定と新発見地の領有や独占権については、一四九四年のトルデシリャス条約の締結によってルールが決定された。

すなわち、ベルデ岬諸島（アフリカ大陸最西端の岬西方の群島）の西沖の三七〇レグア（スペイン・ポルトガルで使用された距離単位、一レグアはポルトガルでは約六〇〇〇メートル）を通る経線を基準に、東側全域をポルトガル領、西側全域をスペイン領としたのである。今の常識からすればとんでもないことだが、両国によって勝手に未発見の諸国も含めて地球規模で領地が二分割されたのである。これをデマルカシオンとよぶ。

この条約によると、日本はポルトガル領となる予定だった。ポルトガル国王は、このような一方的な植民地化を正当化するために、ローマ教皇に働きかけて、新発見地に対するカトリック化を奨励し、保護する姿勢を示したのだ。

イエズス会と信長の利害

イエズス会は、一五三四年にイグナチオ・デ・ロヨラらによって設立され、一五四〇年にローマ教皇パウルス三世の許可を得た、宗教改革に対するカトリック側の対応として生まれた教団である。イエズス会は精力的に布教地を求め、インドさらには中国、そして日本へと宣教師を派遣した。

ポルトガル国王は、植民地支配の正当化のために、イエズス会に対して海外渡航の便宜や経済的援助をおこなった。したがって、イエズス会の収入の第一は、ポルトガル国王からの給付金だった。次いでローマ教皇からの年金、篤志家《とくしか》からの喜捨《きしゃ》、インド国内の不動産からの収入、公認・非公認の貿易（斡旋や仲介も含む）などがあげられる。

ただし、日本は極東にあるため行き来がままならず、これらの収入はいずれも不定期で、なおかつ教団を維持するには少額といわざるをえなかった。イエズス会の世界教団化に伴う急速な拡大と国王給付金の遅配により、日本のイエズス会は常に資金不足に悩まされたという。

信長が天下統一の意志を明らかにしたのは、岐阜時代すなわち尾張・美濃・伊勢三ヶ国を本拠とした環伊勢海政権期（初期織田政権期）だった。永禄十一（一五六八）年の足利義昭《よしあき》を奉じての上洛、元亀四（一五七三）年の槇島城《まきしまじょう》合戦における将軍義昭の追放、天正三（一五七五）年の長篠の戦いでの武田氏に対する勝利、このような経緯のなかで、室町幕府にかわる政権を構想したのであるが、その背景には鉄炮隊を中心とした圧倒的な軍事力の獲得があった。

信長方が使用した鉄炮玉のなかにタイ産鉛の玉が確認されたのは、長篠の戦いの古戦場で見つかったものである。発見された二十点のうち二・五（混合）点がそれに該当する。また朝鮮半島や中国産が三点だった。これらの事実から、平尾良光氏は「信長は外国産の鉛と火薬を偶然でなく、意図して導入していたことを示唆する。（中略）反面、武田側では鉛を生産できたとしても、火薬の入手がかなり困難だったのではないだろうか」と指摘する。

長篠の発掘事例は、天正三年までに、つまり信長の岐阜時代にイエズス会を通じて硝石や鉛を大量に輸入するルートが確保されたことを暗示するものである。この時期のイエズス会は、長崎の要塞化を開始したばかりであり、まだまだ経済基盤は弱体だったから、珍しい贈答品を贈るなどして信長の歓心を買うことで利用しようとした。

特に、鉄炮や大砲といった新兵器に関わる技術支援や軍事物資の供給は、信長にとって魅力的だったことは確実である。このように、国内におけるイエズス会勢力の急速な浸透は相当に生臭いものであって、背後にはデマルカシオンという世界政治が横たわっていた。この一成果として、天正八(一五八〇)年の安土《あづち》におけるセミナリヨ(イエズス会司祭・修道士育成のための初等教育機関)の建設があげられる。

ここで、天正十年六月の本能寺《ほんのうじ》の変の直前に、信長関係者から宣教師ルイス・フロイスにもたらされた情報を抜粋する(『フロイス日本史』)。

信長は(中略)毛利を平定し、日本六十六ヵ国の絶対君主となった暁には、一大艦隊を編成してシナを武力で征服し、諸国を自らの子息たちに分ち与える考えであった。

よく知られた信長の中国遠征計画の一節である。「諸国を自らの子息たちに分ち与える考え」と記されていることから、情報源は信長三男の信孝《のぶたか》周辺と推測される。この頃、彼はキリシタンになる願望をもっており、オルガンティーノ（安土セミナリヨ設立）ら宣教師たちと親しく交わっていたからである。

天下統一直前といってよいこの時期、信長は新たな政治段階に向けて画策していた。一門や近習を畿内近国に、懸案の四国地域を信孝を含む三好康長《みよしやすなが》派閥に、平定予定の中国地域を秀吉（養子は信長五男秀勝《ひでかつ》）派閥に配置し、光秀ら宿老層に対して遠国への国替を断行しようとしていた。

そのような時に、次代を担う信孝らに「大陸出兵」が表明されたものと推測する。これを、信長の途方もない「野心」と一笑に付すわけにはいかないのではないか。これには、イエズス会さらにはポルトガルの「世界戦略」との関わりを感じざるをえない。つまり、彼らに依存するほかなかった硝石や鉛を大量に確保するめどが立たなければ、このような意志表明などできるはずがなかったからである。

鉛玉の威力

本格的な鉄炮戦として知られる長篠の戦いに関する研究は、近年進展している。平山優氏は、従来のような三千挺の鉄炮隊（新戦法）対武田騎馬隊（伝統戦法）の図式は誤りだと断言する。すなわち、鉄炮の多寡がこの戦争の決定要因ではなく、「はじめに」でもふれたように武田勢もそれなりの量を持参していたが、肝心の火薬や玉不足が大敗の要因だったと結論づけている。

武田氏のみならず関東に覇を唱えた北条《ほうじょう》氏も含めて、東国大名は玉の原料である鉛の入手に手を焼いた。領国内に鉱山が乏しく、多くを外国産に依存しており、畿内を制圧した織豊政権がそれを獲得するのが有利だったのに対して、東国の戦国大名は鉛の調達に奔走していたのであった。不足を補う代替品として、武田氏は悪銭を、北条氏は梵鐘《ぼんしょう》の供出を領内から求め、それらを鋳《い》つぶして製造している。つまり彼らは、銅玉や鉄玉を使用したのであるが、鉛玉と比較すると高価な割に破壊力は弱かった。

そもそも、鉄炮玉に鉛が使用されるメリットは三つあり、一つは安価で比重が大きいことにある。鉛は、地球上にある金属のなかでもトップレベルで比重が大きい物質で、密度は一一・三四、ちなみに銅は八・九六、鉄は七・八七である。火薬の爆発速度の上限が決まっているうえ、空気抵抗は速度が上昇すると増大するため、軽い玉を速く撃ち出しても失速して威力を失ってしまう。そのため玉は比重が大きいことが重要といわれるから、鉛玉が有利なことは明白である。

次にあげられるメリットは、鉛の柔らかさだ。着弾した際、弾頭がキノコの傘のような形になることをマッシュルーミングとよんでいるが、そのような形で潰れることで、敵兵に大きなダメージを与えた。

最後のメリットとしては、融点が低いため兵士自らが鉄炮の口径に応じて簡単に大量に製造できたことである。戦場にインゴット（鋳塊《ちゅうかい》）のまま持ち運び、必要に応じて鋳型を用いてつくることができた。これに対して鉄や銅は専門の鍛冶を必要とするから、あらかじめ口径に応じて製作し、戦場に持ち運ばねばならなかった。

また、鉄炮は何度も続けて発射すると、カルカ（鉄炮に附属し、銃身の掃除や筒口から銃身に弾丸を込めたりするのに用いる棒）で掃除をしても火薬の焼けかすが筒の内部に付着することから、口径の小さな玉を使用せざるをえなかった。その場合も、自由に製造できる鉛玉のほうが対応しやすかったのである。

たとえば、北条氏の山中城跡（静岡県三島市）や八王子城跡（東京都八王子市）から出土した鉄炮玉は、銅玉や鉄玉が圧倒的に多いという報告がある。その場で製造でき殺傷能力の高い鉛玉を大量に持ち込んだ豊臣方と、価格が高くあらかじめ製造しておかねばならず、しかも鉛玉よりも飛距離が短く殺傷能力が低い銅玉・鉄玉に頼らざるをえなかった北条方との戦力差は、戦前から明白だったのではあるまいか。

鉛の流通ルートと地政学上の安土

筆者は、これまで安土城については要塞というよりも将軍御所として、すなわち事実上の将軍である信長の偉大さを示すモニュメントとしての意味合いが大きいことを強調してきた。あわせて注目するのは、その地政学的意義である。ここで、タイ産以外の朝鮮半島経由の鉛の流通ルートを示す推定図を示したい。

図1－1からは、将軍足利義昭に与《くみ》して信長包囲網を形成した朝倉《あさくら》氏・毛利氏そして紀州惣国一揆（紀伊国内の雑賀一揆、根来寺、高野山《こうやさん》、熊野三山《くまのさんざん》などが横断的に連合した反信長・秀吉一揆）に、朝鮮半島からの鉛（半円柱形鉛インゴット）が流通していたことがわかる。義昭は、元亀四（一五七三）年に信長と対立し袂《たもと》を分かつ。

前年に武田信玄《しんげん》が上洛戦を開始し、それに朝倉氏と浅井《あざい》氏が呼応したのである。しかし、信玄が元亀四年四月に信濃駒場《こまば》（長野県下伊那郡阿智村《あちむら》）で病死してしまうと、義昭は同年七月に槇島城で信長に敗れ、さらに八月に朝倉氏と浅井氏が滅亡する。

その後の義昭は、紀伊国に亡命して湯川《ゆかわ》氏ら奉公衆（江戸時代の旗本に相当）に庇護《ひご》を受けたり熊野三山（本宮《ほんぐう》・新宮《しんぐう》・那智社《なちしゃ》）に接近して、帰洛のチャンスをうかがう。しかし、信長が天正三年に長篠の戦いに勝利し、右近衛大将《うこのえのたいしょう》に任官し将軍相当者になると、天正四年初頭には毛利氏による庇護を期待して備後国鞆《とも》（広島県福山《ふくやま》市）に移座する。

図１－１　半円柱形鉛インゴットの出土位置と流通ルート推定図（北野隆亮「紀伊における戦国時代の鉛インゴットと鉛製鉄砲玉」より作成）

鞆に滞在した時期においても、義昭は歴代将軍と同様に一貫して公帖《こうぢょう》（公文《くもん》、京都五山をはじめとする幕府管轄下の禅宗寺院に対して頒布《はんぷ》した、住持《じゅうじ》任命の辞令）を発給していた。ちなみに天正三年から文禄二年までの一八年間のものが百四十通余り伝存している。もちろん、任料である莫大な公帖銭は義昭の重要な収入源となった。

したがって、歴代足利将軍と同様に義昭も東アジア外交権を握っていた可能性がある。毛利氏は、大内《おおうち》氏の権益を引き継いで周防赤間《すおうあかま》関（山口県下関《しものせき》市）などを窓口にして対明《みん》・対朝鮮貿易をおこなっていたが、将軍義昭を奉じることで、それを有利に進める条件を獲得したとみられる。

ここで、あらためて半円柱形鉛インゴットの出土分布を検討しよう。若見迫《わかみさこ》遺跡出土物については鉛同位体比分析がおこなわれた結果、朝鮮半島産の可能性が指摘されている。同遺跡は、中国山地中の広島県三次《みよし》市に立地し、毛利氏の居城吉田《よしだ》郡山《こおりやま》城跡（広島県安芸高田《あきたかた》市）から東北に約三〇キロメートルの距離にあり、毛利氏領国のほぼ中央に位置する。

それに加えて、一乗谷《いちじょうだに》朝倉氏遺跡（福井市）出土の半円柱形鉛インゴットや根来寺出土のそれも同様に、朝鮮半島産のものであることが推定されている。

以上の朝鮮半島産鉛については、いずれも義昭を推戴する信長包囲網との接点がある。これに対して、アジア外交の権限を有しない信長は、イエズス会宣教師の力を借りてタイ産の鉛と中国産の硝石を大量に購入したのである。これらをふまえると、信長が天正四年正月に安土城の築城を命じ、翌二月には岐阜から安土へと本拠地を移した理由を推測することができる。

従来は、日本海流通と太平洋流通を結び、かつ京都と東国を結ぶ、南北・東西の流通の結節点として、信長が安土を選定したと理解されてきた。これに間違いはないが、さらに鉛との関連では、中国や朝鮮半島からの輸入を意識していたのではあるまいか。

ここで注目したいのは、天正三年（天正五年説あり）に越前を攻撃した信長が、七月に柴《しば》田勝家《かついえ》を介して、要港三国湊《みくにみなと》（福井県坂井市）を支配していた森田氏に命じて、越後・越中・能登三ヶ国からの船舶の入港を禁じさせたことである。信長は八月に森田氏の忠節を賞している（「森田正治氏所蔵文書」）。

勝家の越前支配期においても、森田氏は三国湊の支配に確乎たる地位を築いていたが、ここに陸揚げされる鉛や硝石といった特定軍事物資の没収、すなわち津留《つどめ》によって、義昭方勢力に相当のダメージを与えた可能性がある。

それが、前述の武田氏や北条氏の鉛不足につながったのではなかろうか。彼ら東国大名は、朝倉氏や一向一揆といった反信長勢力が支配していた越前を介して、朝鮮半島産の鉛を輸入していた蓋然性が高いからである。タイ産の鉛は熊野灘を越えて家康が拠点とした駿府まで届けられたことがわかっているが、現時点ではこれが東限である。

三国湊には、それまでも中国船や朝鮮船が入港していた。天正九年には、勝家がイエズス会にポルトガル船の寄港を要請しているのも、軍事物資の集積との関わりが十分に推測されるであろう。

信長の大坂城

信長ほど、本城を移動させた武将はいない。順番に列挙すると、勝幡城《しょばた》（愛知県愛西市《あいさい》・

稲沢《いなざわ》市)、那古野城、清須《きよす》城(愛知県清須市)、小牧山《こまきやま》城(愛知県小牧市)、岐阜城、安土城、そして本能寺の変のために完成することがなかった大坂城である。

信長にとっての本城移転は、軍隊の移動と同義だった。この時期には、戦争に際して城郭(陣城《じんじろ》)を普請して本陣とし、その周囲にはおびただしい家臣団の陣小屋《じんごや》を配置したからである。つまり、新たな要地に進駐することと同義だったのだ。

軍事と流通の要衝に移動を繰り返した城郭が織豊系城郭の本質で、それを通じて士農分離(武士と百姓との政策的な分離)が促進された。安土城においても、信長が居住する山上の城郭に対して、山腹から山下にかけて家臣団の屋敷が配置されており、なかには城郭級の屋敷跡も発掘されている。

一般的には、清須城までが尾張統一のための城郭、小牧山城は美濃攻略の軍事拠点、岐阜城は環伊勢海三ヶ国(尾張・美濃・伊勢)の支配拠点、安土城は天下統一のための戦略拠点、築城中の大坂城は天下統一後の統治拠点、とみられてきた。筆者は、実現しなかった安土から大坂への移転は、政治・経済以上に軍事的な事情があったのではないかと推測している。

安土城は、地上六階建ての独創的な「天主」(天正七年五月移徙《わたまし》)に、御所の清涼殿《せいりょうでん》に類似した御殿が隣接し、軍事面よりも権威の具現化という政治的な機能が強調された画期的な城郭だった。しかし、信長はほどなく大坂で築城を本格的に始める。明智光秀の謀反がなければ、いずれ大坂が政権都市安土と肩を並べる存在になっていっただろう。『信長公記』（弓衆太田牛一《おおたぎゅういち》が書き綴った主君織田信長の一代記）が、「大坂はおよそ日本一の土地柄である。（中略）唐土《もろこし》・高麗《こうらい》・南蛮からの船舶が出入りし、五畿七道から物産が集まり、商売の利益が豊かな港湾都市である」と記すように、経済感覚に優れた信長は大坂に早くから目を付けていた。

都市大坂の歴史は、古くは大化の改新後、現在の大阪城公園の南側に造営された前期難波《なにわの》宮《みや》に始まる。奈良時代には聖武《しょうむ》天皇が後期難波宮を建設。八世紀後半まで首都平城京に対する副都として、中国や朝鮮半島との外交機能を担ったとみられる。

戦国時代には、浄土真宗の宗主蓮如《れんにょ》が大坂本願寺の造営を始める。やがて、焼失した山科《やましな》本願寺（京都市）にかわる本山として壮麗な伽藍《がらん》が整備され、周辺勢力との抗争のなかで城塞化した。大都市となった寺内町《じないまち》に、諸国の門徒と大量の物資が集まり、信長に対抗する一大拠点となった。

十年を超す攻防戦の末、本願寺宗主の顕如《けんにょ》は天正八年四月に信長と講和して大坂を退く。長男教如《きょうにょ》はなおも抗戦の構えをみせるが、信長は辛抱強く退城を待った。無傷で接収し、城郭化をねらったのだろう。だが、魂胆を見透かされたのか、同年八月に明け渡しが完了した直後に伽藍は炎上してしまう。

それでも、信長は跡地に築城した。安土城で普請奉行を務めた丹羽長秀《にわながひで》が本丸を、信長の甥の信澄《のぶずみ》が二の丸を預かった。九州の島津氏や大友氏、奥羽の伊達《だて》氏、関東の北条氏らと良好な関係を築いていた信長は、天正十年の本能寺の変さえなければ、同年中に北陸や中国、四国を制圧し、事実上の天下統一が完成していたはずだ。

そのうえで、信長は西国経営を本格化させるため、拠点となる大坂城を完成させ、堺商人を城下町に招き寄せたことだろう。難波京以来、大坂の強みは外交と流通だった。大航海時代を生きた天下人たちも、全国の流通支配と対外貿易を意識した。信長が京都ではなく、安土に新たな拠点を築いたのも、日本海側の産物が集まる越前と太平洋側の産物が集まる伊勢を結ぶ流通の結節点という経済的な理由が大きい。

天下統一の暁には、その安土と、西日本はもとより国際的な物資の集積地である大坂とを琵琶湖と淀川《よどがわ》水系の水運で結び、それぞれ東国と西国の支配拠点とすることを構想していたのではないか。

経済力に勝る大坂には、国際貿易都市であり鉄炮工場の堺が隣接することからも、当然の流れとみられる。ここで注目するのが、安土の北東約三〇キロメートルにある鉄炮工場国友村である。両工場を琵琶湖と淀川を利用した舟運で結びつければ、より大規模な戦争への即応体制、先述した中国遠征を有利に進めることが可能になるからだ。

本能寺の変の直前、信長は安土を訪れた徳川家康《とくがわいえやす》に大坂を見物するよう勧め、近習長谷川《はせがわ》秀一《ひでかず》に案内させた。その点からも信長の大坂への期待の高さがうかがえる。また、大坂城は信長がはじめて築城に着手した本格的な近世平城であったことも重要である。

それまでの山城（小牧山城・岐阜城）や平山城（安土城）と周辺の支城という配置から、単独の近世城郭を構想したのであった。信長は、大坂城で天下を支配し、さらには東アジア外交秩序の再編すら意識していたのではなかろうか。信長の急逝《きゅうせい》で築城は頓挫《とんざ》したが、大坂城を拠点とした天下統一という構想は、秀吉によって引き継がれていった。

タイ産鉛の広がり

先述したように、根来寺では朝鮮半島産鉛が出土している。信長に敵対していた根来寺をはじめとする紀伊国内諸勢力には、タイ産鉛は流通しなかったのだろう。ところが豊臣時代になると、信長の独占していたタイ産鉛を雑賀衆が入手するようになったことがわかっている。どうしてこのような変化があったのか。

織豊時代において、鉛はその多くを国外に依存していた。既述の通り、本格的な鉄炮戦として知られる天正三年の長篠の戦いにおいて、武田勢の火薬や玉不足が大敗の要因だったとする研究がある。これと同様の構図が、紀州惣国一揆と豊臣政権との間にも展開されていた。

天正五年の信長による雑賀（和歌山市）攻撃の際に、雑賀方の中野城《なかの》（和歌山市）を攻めるために普請した信長方の陣城である木本《きもと》城跡（和歌山市）の中郭中央部の包含層から、円錐形鉛インゴットが二点出土している。これらは鉛同位体比分析によってタイのソントー鉱山周辺が産地と推定されており、それをふまえた北野隆亮《きたのりゅうすけ》氏の研究では、信長の要請で獲得された鉛インゴットとみる。

これに対して惣国一揆方の鉄炮玉であるが、天正十三年の秀吉による紀州攻めの舞台となった太田《おおた》城跡から六点発見され、そのうち四点がソントー鉱山産鉛であることが確定されている。

これらから、北野氏は「タイのソントー鉱山産の鉛インゴットは、天正五年（一五七七）の織田信長による紀州攻めの際に鉄砲玉原料として信長勢力によって持ち込まれているが、天正十三年（一五八五）の秀吉による紀州攻めの段階に至っては、雑賀惣国側が既に入手・所有していたとみられ、太田城跡で製作した鉛製鉄砲玉の主体をタイのソントー鉱山産原料が占める状況となっている」と指摘する。

ここで問題となるのが、天正五年には入手していなかったソントー鉱山産鉛を、紀州惣国一揆が同十三年までに確保していた理由である。紀伊国内の反秀吉方勢力の結集である紀州惣国一揆は、天正十年の本能寺の変から同十三年の秀吉の紀州攻めまでの三年間存在した。

図１－２　円錐形鉛インゴットの出土位置と流通ルート推定図
（北野隆亮「紀伊における戦国時代の鉛インゴットと鉛製鉄砲玉」より作成）

本能寺の変の直後に結ばれた明智光秀と土橋《つちばし》重治《しげはる》との連携が、それまで分裂していた紀伊国内の諸勢力を結集させ、惣国一揆を誕生させたのであるが、それが織田方勢力と惣国一揆の接触となった。

図１－２を参照すると、天正九年から同十年にかけての長宗我部氏の信長からの離反も重なって、織田方のソントー産鉛が、太平洋から紀淡海峡を経て紀伊湊へ運ばれるようになったのではないかと推測する。ちなみに長宗我部氏の居城土佐岡豊《おこう》城跡（高知県南国《なんごく》市）からも、ソントー産鉛鉄炮玉一点と円錐形鉛インゴット一点が出土している。

このようにみると、信長と義昭との戦いは、火薬や鉄炮玉に代表される軍事物資の流通と保有量にも規定されていたことがわかる。

先述したように、本能寺の変の時期に信長は中国大陸への野望を語っていたようである。鉛についてはタイ産を確保していたが、中国や朝鮮半島からの硝石の供給に頼っている状況を離脱せねば、外征のめどは立たなかったのではなかろうか。なお、当時の明において硝石は禁輸品に指定されていた。

そのため、硝石の安定した供給先については、インドのイエズス会が想定される。インドでは、良質な硝石が大量に産出したからである。このように鉛といい硝石といい、安定的な確保のためには、信長はイエズス会とは縁が切れなかったのではなかろうか。極端に考えると、イエズス会ひいてはポルトガルの世界戦略の掌中でしか行動できなかったとさえ推測されるのである。

4　鉄炮導入と天下人の役割

鉄炮導入の三段階

戦国時代後半から江戸時代初期にかけての鉄炮の浸透には、およそ次のような三段階があったと考えられる。

第一段階は、高価な貴重品で狩猟や限定的な戦闘にしか使用されず、贈答品だった段階である。たとえば、自らも砲術を修行し鍛冶に鉄炮を製作させていたことで知られる将軍足利義輝《よしてる》は、豊後大友氏などの戦国大名から南蛮鉄炮の献上を受けて収集したり、天文二十一（一五五二）年には大坂本願寺に火薬の原料となる焔硝を所望している（『天文日記』）。この段階では、海外の珍しい武器としての位置づけだった。

第二段階は、鉄炮隊の成立に伴い、戦術に変化がみられる段階である。やがて鉄炮は大量生産され、武器商人が介在し、諸国の大名・国人層が積極的に購入するようになる。これは廻国する砲術師が、鉄炮の使用法を伝えたことと密接に関係する。鉄炮普及の傾向は、おおむね西から東へと浸透したことは確実で、全国的にみても西高東低の傾向だった。

宇田川武久氏の研究によると、信長の鉄炮保有量は、はじめは他の戦国大名と大差ないが、永禄十一（一五六八）年の上洛以後になると、鉄炮や大鉄炮、さらに仏郎機などの大砲まで装備して火力を飛躍的に増強させたことがわかる。信長に絡めて第二段階についていささか解説したい。

天文年間（一五三二〜五五年）には、早くも鉄炮上手としての砲術師が登場する。たとえば先述の橋本一巴をはじめ、佐々木義国《ささきよしくに》から秘伝を受けた稲富一夢の活躍などが特筆される。彼ら揺籃期の砲術師は、武芸者と言うよりも諸国を廻る職人であって、天下人や大名とその家臣に秘伝を授け、鉄炮の名手を養成した。

尾張統一過程の信長の軍隊においては、鉄炮をはじめとする火器が特に大量に配備されていたわけではない。たとえば『信長公記』によると、天文二十二年の尾張富田《とみた》聖徳寺《しょうとくじ》（愛知県一宮市）における斎藤道三《さいとうどうさん》との会見に関する記事に「弓・鉄炮五百挺」と記されている程度だった。

しかし信長が永禄十二年に和泉国堺（大阪府堺市）を掌握した後は、鉄炮隊が史料的に確認できるようになる。鉄炮鍛冶と武器商人とを統制下に置いて、ようやく鉄炮の保有量が増大し、弓隊との混成部隊から独自の部隊として独立させたのであろう。

大量の鉄炮配備が可能になって、戦争の形態は急速に変化する。まずは、野戦・攻城戦を問わず歩行戦が全盛になったことをあげたい。最前列に配備される鉄炮隊は、歩行して移動し、馬防柵などのバリケードに守られた陣地から発射するし、鉄炮の攻撃を防御する竹束も、歩行して使用した。移動手段として馬を使用することはあっても、戦闘の際は歩行戦が一般化したため、多くの武士は草鞋履きで戦闘に臨んだ。

信長は、鉄炮隊を効果的に野戦や攻城戦に利用したが、鉄板張りで艦載砲を装備した甲鉄船を建造させることで、海戦にも大きな変化をもたらした。火器の軍隊への本格的な導入によって、信長の軍事力は陸海両面で飛躍的に向上したのであった。

第三段階が、大砲戦が本格化し、徳川家康による国家再統一が完成した段階である。関《せき》ケ《が》原《はら》の戦い以降、それまでの鉄炮中心から大砲を本格的に野戦に活用する戦闘へと変化する。その素材が、鉄製から高価だが軽量かつ安全な青銅製へと改良されたからである。

ここで注目すべきは、家康の大砲収集である。彼は、国友鉄炮鍛冶を編成して大砲を鋳造させたばかりか、イギリスやオランダの商館を通じて飛距離と破壊力において卓越した青銅製の大砲を購入し、大坂の陣に投入して十分な戦果を上げた。

信長の戦争

攻城戦における火器の使用についても、信長の貢献が大である。『信長公記』によると、足利義昭を奉じて上洛した後の本格的な攻城戦は、永禄十二年九月の伊勢大河内《おかわち》城（三重県松阪《まつさか》市）攻めからである。同城の周囲に鹿垣《ししがき》（獣害を防ぐための小規模な土塁）を二重三重に巡らして、道路を遮断したと記している。鹿垣による包囲は、翌元亀元（一五七〇）年の近江佐和山《さわやま》城（滋賀県彦根《ひこね》市）攻めでも同様だった。

鹿垣は、後に大規模な土塁に変わってゆく。天正六（一五七八）～八年の秀吉による播磨三木《みき》城（兵庫県三木市）攻撃の多重土塁は有名で、それと多数の付城《つけじろ》を巧みに組み合わせて配置されており、現在これらの遺構は良好に残存し国指定史跡に指定されている。また、天正六〜七年の光秀の丹波八上城《やかみ》（兵庫県丹波篠山市《たんばささやま》）攻撃に関しては、十三ヶ所の付城が確認されている（八〇頁で詳述する）。

鹿垣や土塁による敵城の包囲から、それに加えて多数の付城を配置する付城戦の段階へと発展したのである。この人工包囲網は、戦況次第で移動することを特徴とした。つまり土塁や付城を敵城近辺に解体・普請し、包囲網を狭めてゆくのだ。また秀吉得意の水攻めは、その派生形態である。

驚くべきことに、信長は元亀元年の野田《のだ》・福島城《ふくしま》（大阪市福島区）の戦い（約十年に及ぶ対本願寺戦争の端緒となった戦い）において、物見櫓を普請して両城に大砲を撃ちかけている。これはその後も採用され続け、半世紀以上も隔たった寛永十四（一六三七）年の島原《しまばら》・天草《あまくさ》一揆における原城《はら》攻めでも用いられた。すなわち、塹壕《ざんごう》を掘りながら敵城に接近し、その堀土を利用して高々と築山《つきやま》を築き、その上に櫓を普請し大砲を据えて、そこから城内に撃ち込むのである。

また元亀四年九月の北伊勢攻めにおいて、柴田勝家と滝川一益《たきがわかずます》は金掘り《かねほ》（鉱夫）を使って隧道《ずいどう》を掘らせて落城させている。これは、櫓などの構造物を地下から爆破・破壊する戦法であり、後の城攻めにおいても、しばしば採用されている。

このように、上洛を果たした永禄十一年から足利義昭と袂を分かつ元亀四年までの信長の攻城戦において、鹿垣・土塁・付城による包囲網、築山普請による大砲攻撃、鉱夫による城郭建造物の破壊など、後の秀吉の天下統一戦においても採用された戦法が既に確立していたことがわかる。もちろん秀吉以降の戦争では、より高性能の火器が大量に使用され、規模も拡大したが、基本的な戦法がこの段階で確立していたことには驚かされる。

長篠の戦いの意義

『信長公記』によれば、大量の鉄炮を用いた初めての本格的な戦争は、くり返し述べるように天正三（一五七五）年五月の長篠の戦いだった。これは、足利義昭を中核に大坂本願寺や三好氏・六角《ろっかく》氏などを巻き込んだ「信長包囲網」の一翼に属した武田勝頼との戦いだった。勝頼にとっては父信玄以来の政治路線を継承し、支配圏の保全維持をめざした戦争で、柴裕《しばひろ》之《ゆき》氏の研究によって明らかにされている。そして信長にとっては、天下統一への方向を定める戦争となった。

信長は戦いに先立って、「今回間近に（武田勝頼と）対陣できたのは天恵であるから、武田勢をすべて討ち果たすべきことについて、信長は思案を廻らされ、味方には一人も損害がないように」（『信長公記』）と作戦を練った。それが、史上名高い大規模な鉄炮戦だった。鉄炮隊の規模については議論があるが、千挺単位で使用された可能性は高い。ここでは、この戦いの実態について『信長公記』からまとめてみよう。

信長は、会戦にあたって佐々成政《さっさなりまさ》・前田利家《まえだとしいえ》・野々村正成《ののむらまさなり》・福富秀勝《ふくとみひでかつ》・塙直政《はなわなおまさ》という実力者五人を指揮者に定め、武田勢の攻撃に対して「鉄炮千挺ばかり」で応戦している。この戦いの特徴は、なんといっても「敵は入れ替わり立ち替わり攻めかかってきたが、こちらの軍勢は一人の重臣隊も出撃させず、鉄炮だけを増強して足軽であしらった」と記すように、馬防柵などのバリケードを利用して、本戦においては徹底的に受身の戦法を貫いたところにある。これによって、信長がいったように、味方の損害は最小限に抑えることができたのだった。

有名な「三千挺・三段撃ち」について、現時点においては検証できないが、千挺単位の鉄炮を有効に使用して快勝したことは確実である。

ジェフリー・パーカー氏による「織田信長は、一五六〇年代にマスケット銃の斉射戦法を実験しており、ヨーロッパ人が開発する二〇年も前の一五七五年には、この戦法で最初の大勝利を手にしていたのである」との指摘は、まことに刺激的といえよう。

また、伝統的な勝利の条件として紹介した「高・大・速」の原則が長篠の戦いで崩壊したことを指摘できる。平山優氏は、織田と武田の明暗を分けたのは、「擁した火器と弾薬の数量差、そして兵力の差であり、それらはいずれも武田と織田・徳川両氏の擁する領国規模と、鉄炮と玉薬の輸入もしくは国産の実現可能な地域とアクセスしうる可能性の格差という理由に絞られるであろう」と結論づける。

すなわち、量的な差違であり質的なそれではないことを強調するのである。確かに、信長は上洛直後の永禄十二年には秀吉に命じて但馬生野《たじまいくの》銀山（兵庫県朝来市）に出兵させている。（天正十年）十月十八日付秀吉書状（「金井文書」）にも、信長在世時を振り返った秀吉が、天正八年の別所《べっしょ》氏鎮圧の恩賞としての茶の湯の許可とともに、生野銀山の管理を任されたことを記している。

これに加えて、金や銀の精錬方法である灰吹法《はいふきほう》には鉛を使用することから、上洛後の早くから鉛入手のための諸ルートを、信長が確保していた可能性もある。金銀といった富はもとより、鉄炮をはじめ硝石や鉛といった戦争に不可欠な物資まで確保しえたのは、幕府を再興し畿内近国を統治することで得られたメリットであったが、それによって単なる戦国大名ではなくなったことについても重視せねばならない。

足利義昭を推戴して室町幕府を復興した永禄十一年から、義昭と袂を分かった元亀四年までの信長は、岐阜を本拠とし環伊勢海三ヶ国を本拠に、近江国や越前国などを版図に加えつつ、明智光秀などの幕府衆を家臣団に加えて京都の市政を実質的に支えていた。確かに、幕府も独自の支配を再開していたが、信長の支援がなければ畿内近国の安定支配は不可能だった。

天正元年から天正三年までは、義昭の子息（後の義尋《よしひろ》）を推戴して、やがて将軍に任官させる姿勢を示すことで、支配の正統性を確保していた。しかし、長篠の戦いの勝利の後、天正三年十一月に従三位右近衛大将兼権大納言に任官し（義昭は従三位征夷大将軍兼権大納言）、翌年二月には安土を本拠とすることになった。将軍相当者信長の誕生の直接的な画期は、長篠の戦いの勝利とみて間違いない。

土木工事化した攻城戦

ここで、この段階における攻城戦の実態の概略を述べる。籠城勢力側は、自らの城郭や城下町を守る柵・猪垣《ししがき》・逆茂木《さかもぎ》などを厳重に普請して敵襲に備える。これに対して攻城勢力は、張り巡らされていた各種バリケードを撤去し、城下町を焼いて敵城を裸城にして孤立させようとする。

さらに籠城勢力を逃がさないために、短期間に付城群や長大な土塁・塀・柵・堀などを普請して大規模な包囲網を形成する。そのうえで塹壕を掘ったり井楼《せいろう》（材木を井桁《いげた》に組んで造る櫓）を構築し、竹束を楯としての接近、すなわち仕寄を開始する。これと連動して、金掘りに坑道を掘らせて城郭建造物を破壊させることもあった。

たとえば、天正十一年二〜三月に秀吉が滝川一益方の佐治《さじ》氏が籠もる伊勢亀山城《かめやま》（三重県亀山市）を攻撃した際、秀吉は城下町に廻らされていた乱杭《らんぐい》・逆茂木を片付け、山下すなわち城下町を破壊し、その周囲に柵を結んで籠城勢力を閉じこめた。そのうえで仕寄を開始し、鉄炮・火矢・投松明《なげたいまつ》によって山麓の建造物を攻撃し、玄翁《げんのう》・鶴嘴《つるはし》で石垣を崩していった。さらに山上の櫓や門を倒壊させるために、数百人の金掘りを投入した。

以上からは、戦争があたかも大規模な土木工事となったことがわかる。番匠《ばんしょう》・鍛冶・鋳物師・金掘りなどの多様な職人集団を中核とし、足軽以下の雑兵を組織した工兵隊を大量投入する本格的な消耗戦となり、軍事技術の集積する上方《かみがた》を掌握した権力のみが天下統一を実現しうる段階に到達したのである。莫大な資本力を集積した者が、天下の実権を掌握する段階になったのだ。

なお、信長・秀吉の段階の戦場で使用された火器は、鉄炮が中心だった。それは、当時の大砲が高価であったばかりではなく、その多くが鉄製で重量がきわめて重く、移動には適さなかったからである。たとえば信長が甲鉄船に三門の大砲を艦載したり、秀吉が大坂城天守の「下三重メヨリ上」すなわち望楼部分に大筒六挺を装備していたように、据え付けのままであった。

文禄・慶長年間（一五九二〜一六一五年）になると、改良によって鉄の量を減らした大砲や、高価ながら青銅製などの軽量な大砲が戦場に投入されることによって、攻城戦の様相は大きく変化した。しかも城郭の天守や隅櫓《すみやぐら》を破壊する能力をもつ、優秀な国産砲が製造されるようになったのである。

たとえば、慶長五（一六〇〇）年九月の関ヶ原の戦いの前哨戦となった美濃大垣城《おおがき》（岐阜県大垣市）や近江大津城《おおつ》（大津市）での攻城戦では、天守や隅櫓が大砲の標的となりダメージを受けた。もちろん籠城側も大砲を使用したのであり、双方が戦闘の全期間を通じて撃ち合う大砲戦が一般化したのである。

従来の戦争研究においては、この変化を十分に意識してこなかったと思われる。破壊力の進化により攻城戦は、それまでの長期にわたる付城戦の段階を脱却し、短期間の決戦へと様変わりするのである。

大砲の威力

大坂冬の陣の直前の慶長十九年十月に、小堀政一《こぼりまさかず》（遠州《えんしゅう》）の領地であった和泉国日根《ひね》郡佐《さ》野《の》村（大阪府泉佐野市）の土豪であった吉田・藤田両氏が、大坂城の生玉《いくたま》蔵にあった鉄を、堺に運び出したことを示す小堀政一書状（「藤田家文書」）がある。

そこには、鉄を廻送したことを家康に対する「御奉公」と表現していることから、大坂方が備蓄していた鉄は軍事物資なのは明らかである。具体的には、大砲以下の種々の火器や陣所普請に使用する鋤《すき》・鍬《くわ》を鋳造・修理するためのストックではなかったかと推測する。

大坂方は、二の丸千貫櫓下の桜門前に備えた「日本一之大石火矢」二門をはじめとする多様な火器を、三里半（約一四キロ）に及ぶ惣構《そうがまえ》（堀・石垣・土塁で囲んだ外郭）に隙間なく装備した。惣構の要所には、二階櫓を置き、塀は二重にし、その屋根から鉄炮を撃った。そして石火矢を一町ごとに配備し、その間に大筒・小筒をそろえ、これらを間断なく発射した。これだけの火器を管理するには、それなりの鉄の備蓄がなければ無理だったとみられる。

家康は、大坂の陣のきっかけとなった方広寺《ほうこうじ》鐘銘《しょうめい》事件の前から着々と軍備を増強していた。慶長九年には、砲術師稲富一夢を介して国友の鉄炮鍛冶に対して八百目玉・五十目玉を発注して以後、大坂の陣までに様々な鉄炮を注文している。大砲に関しては、たとえばカルバリン砲（最大射程約六三〇〇メートル）やセーカー砲（最大射程約三六〇〇メートル）などの、ヨーロッパ製の高価な長距離砲も購入した。

イギリス商館経由の武器購入を示す史料としては次のものがある。

「皇帝（家康）はコルベリン砲〇長キ砲ナリ、四門及びセーカー砲一門を千四百両にて、また火薬十樽を百八十四両にて、また鉛六百本の重量一万一千五百十斤なるを、一斤六分（十分は六ペンスに当る）の割合を以て、六百九十両にて買上げたり」（「英国インド事務省文書」一六一四年十二

月五日平戸発、リチャード・コックスより東インド商会宛書簡の一節）

また徳川秀忠《ひでただ》も砲術に関心を示しており、大坂冬の陣のさなかに藤堂高虎《とうどうたかとら》の家臣で大砲の扱いに長けた米村《よねむら》氏に砲術書を求めている。実際に、大坂の冬・夏両陣では両軍が大砲を大量に使用した。たとえば徳川方の備前島陣所の大鉄炮から発射した弾丸が、大坂城天守に命中したことは有名である。

大坂方も間断なく大筒以下の種々の火器を使用したから、従来のような竹束を用いた敵陣への仕寄では不十分だった。そこで徳川方は、鉄楯を使用したり塹壕（仕寄道）を掘りながら大坂城に接近した。得られた大量の土は築山普請に利用され、その上に井楼を設けて敵情を監視したり、大砲を備え付けて城中を攻撃した。前述のように、これは後の島原・天草一揆の際の原城攻撃でも採用された戦法である。

大坂の陣は、本格的な火力戦だった。両軍ともに戦争の始まりから終わりまで鉄炮を使用したこと、長距離砲が使用されたこと、塹壕を掘りながら敵城に接近する仕寄がおこなわれたことなどに近代攻城戦への傾斜さえ読み取ることができる。

このように戦国時代後半以降、科学が支配する消耗戦へ、戦争の質と量が大きく転換していった。しかし大坂の陣が終了し、さらには島原・天草一揆の鎮圧をもって国内の戦場が閉鎖されて後、火器に関わる技術革新は停滞した。新型鉄炮が脚光を浴びるのは、幕末の対外危機に対応すべく、幕府が高島秋帆《たかしましゅうはん》の意見を採用して、西洋流砲術を導入してからである。

第二章　戦場の変貌

1　傭兵たちの自治

傭兵化の波

戦国時代前半までの畿内近国を中心とする地域社会は、惣村の時代だった。惣村とは、百姓によって形成された自治村落のことである。当時は、惣村と国人領主（数ヶ村から郡規模の領主）や土豪（村落領主）が軍事的に連携するケースもみられた。しかし、戦国時代後半になると、国人領主や土豪がリーダーとなって惣村を組織した結果、郡中惣や惣国一揆といわれる地域権力が台頭したため、惣村の自治はそのなかに埋没するようになっていった。

この地域で鉄炮が浸透したのも、まさにこの時期と重なる。それに伴うように発展した甲賀郡中惣や伊賀惣国一揆は、周辺の大名権力を支えた。その主要メンバーたる国人領主や土豪たちが百姓の若者に鉄炮をもたせて足軽化し、細川《ほそかわ》氏や三好氏をはじめ諸大名の要請を受けて、傭兵として戦働きに明け暮れるようになったのだ。

惣村関係史料が数多く伝存する近江国に注目しよう。浅井氏の戦国大名としての権力基盤の確立は、永禄三（一五六〇）～四年頃とされている。家督を継いだ浅井長政《ながまさ》は、浅井・坂《さか》田《た》・伊香《いか》の湖北三郡の主要河川沿いに形成された惣村を、土豪に対する被官化を通じて掌握している。

これに対して領国の周縁部に位置する惣村菅浦《すがうら》（滋賀県長浜《ながはま》市）では、遅くとも天文十三（一五四四）年までには、代官浅井井伴《いとも》（木工助）による支配がおこなわれていた。代官支配は、年貢徴収のみならず、未進年貢の借銭化や銭米貸付けなどによる高利貸的収奪、桐油《きりあぶら》の強制廉価買上げ、用船徴用などの様々な手段を通じて強化される。

この頃、菅浦においても浅井氏やその家臣に雑兵として動員されるだけではなく、被官として奉公しようとする有力百姓が現れた。しかしなかには、浅井氏の軍勢に属して戦功を立てて出世することとあわせて、惣内に影響力を行使しようとする者も出てきた。被官衆「清徳庵親類之者共四人」が惣掟を破って惣と対立したのが、その典型的な事件である。浅井氏がそれに介入したため（浅井氏の発令した永禄九年の撰銭令《えりぜにれい》に抵触したためとする見解もある）、菅浦は浅井氏に対して不始末を詫び、四人については糾明《きゅうめい》しない旨を誓う請文《うけぶみ》を提出した。

しかしその四ヶ月後の永禄十一年十二月十四日付で、惣は壁書（かべがき・へきしょ、壁に貼り付けて広く公開した文書）を認《したた》めた。内容は、惣の寄合において永久に四人を出席させない、彼らを出席させた者も処罰するというものであり、四人に対する惣の構成員としての資格の剝奪（座抜き）と、惣の自治をあらためて確認したものである。

このように、惣村は戦国大名に対して二枚舌で臨んだのだ。自治にダメージがなかったとはいえないが、従来のように、これで自治が完全に否定されたとまで判断することには慎重でありたい。戦国大名も、惣村の内部自治を許容しながら領国支配をおこなったとみるべきである。

戦国時代後半において、畿内近国の地域社会は軍事へと傾斜していった。それは菅浦でみたような有力百姓の被官化のみならず、百姓の足軽化も顕著だった。いずれも銭を介した契約的な主従関係というべきもので、広く深く浸透していったのである。

ちなみに、永禄十二年の十一月十六日付で制定された伊賀惣国一揆掟書《おきてがき》（「山中文書」）の第五条では、足軽として惣国一揆に対して忠節を尽くした百姓には、恩賞として侍身分に昇格させると規定していることから、侍と足軽との身分差別は厳然としてあったことがわかる。

惣国一揆が奨励したのは、百姓の足軽すなわち傭兵としての軍功である。足軽隊とは、志願した百姓が集団的に鉄炮隊などに編成されたものであって、攻城戦における彼らの働きはめざましかった。敵城に忍び込んで様々な情報を収集し絵図を作成したり、鉄炮をはじめとする種々の火器を使用しながら塀や柵を破壊して戦端を開くのが、彼らに課された重要な役割であった。

なお、永禄四年閏《うるう》三月十八日付内藤宗勝《ないとうむねかつ》書状（「畠山義昭《はたけやまよしあき》氏所蔵文書」）によると、「伊賀の城取り」が摂津国・丹波国・播磨国に活動に向かうので注意するようにとの指令が出されている。伊賀国には、やはり攻城戦を得意として諸国で活躍する傭兵集団すなわち「伊賀衆」が存在したことが裏づけられるのである。

伊賀衆・甲賀衆の総動員体制

戦国最末期の伊賀国においては、惣国一揆が足軽層を徴発する体制が成立していた。ここで注目したいのは、侍―百姓間の身分差別がありながら、軍事が侍によって独占されるものではなかったことである。

次に、伊賀惣国一揆掟の冒頭の三ヶ条を抜粋して掲げる。この部分は、緊急時における惣国一揆の危機管理体制のありかたをリアルに示すものである。

惣国一揆掟の事

一、他国より当国へ入り候においては、惣国一味同心に防がれ候べき事、

一、国の物共（者）とりしきり候間、虎口より注進仕るにおいては、里々鐘を鳴らし、時刻を写（移）さず、在陣有るべく候、しからば兵粮・矢楯を持たれ、一途の間虎口くつろがざる様に陣を張られ候べき事、

一、上は五十、下は拾七をかぎり在陣あるべく候、永陣においては番勢たるべく候、しからば在々所々、武者大将を指し定められ、惣はその下知に相随わるべく候、幷《ならびに》惣国諸寺の老部は、国豊饒の御祈禱成され、若き仁躰は在陣あるべく候事、

第一条では、他国勢力が伊賀国に侵入した場合には、惣国一揆全構成員が一致団結して防戦せねばならないことが記されている。敵対勢力を限定せず「他国」という表現をとっていることからも、当時の伊賀国は周辺諸国から攻撃を受ける可能性があったと推察される。

第二条では、国境の監視口から伝令があったら村々で鐘を鳴らし、急いで出陣すること。その際、兵粮と矢楯は各自持参し、「虎口《こぐち》」つまり敵勢の侵入口ではとにかく集中して陣を張ることが指示されている。第三条では、緊急時には十七歳から五十歳の成人男性が武装し、

村々が決定した侍大将の下知のもと「虎口」に出陣すること、国中の僧侶は惣国の勝利のために祈禱すること、ただし若い僧侶については参陣すること、が規定されている。

惣国一揆においては、他国勢力との合戦という緊急事態に際して、在国する老人・女性・子ども以外のすべての住民が、なんらかの役割をもって動員されることになっていたことがわかる。これは、近江国菅浦などの惣村でもみられる緊急時における皆兵の原則である。

伊賀惣国一揆と同盟関係にあった甲賀郡中惣は、北伊賀から甲賀郡へと反信長戦線の拠点を移そうとする六角氏の動向をにらんで、永禄十三年三月二十四日付の甲賀郡大原同名中《おおはらどうみょうちゅう》の掟書（「近江国甲賀郡田堵野村大原家文書」）を作成した。

本掟書は、甲賀武士の一族一揆である同名中（二十一家あったといわれる甲賀郡中惣の基礎単位）が、村落の武力を取り込んで構築した総力戦のありかたを示すものとして、これまで注目されてきた。

掟書は全三十二条にも及ぶが、軍事関係規定から始まること、特に第三条に記されている、外部勢力との戦争時における「惣庄の百姓等、堂僧に至るまで」を対象とする総動員体制など、前出の四ヶ月前に作成された伊賀惣国一揆掟の冒頭部分の趣旨ときわめて近似している。

惣村菅浦の総動員体制や甲賀郡中惣の同名中でみたそれは、ほとんど同質のものと理解される。侵入勢力に対する軍事対応は、規模こそ異なるが、郡中惣や惣国一揆でも同様のもので強力だった。たとえば、伊賀惣国一揆は天正七年に伊勢国司北畠信雄（信長次男）の侵攻を受けるが、総動員体制を敷いて撃退している。

プロの鉄炮衆

天正九（一五八一）年に信長に敗退した伊賀衆は、甲賀衆とともに翌天正十年には信長三男の信孝の四国攻撃軍に編成され「伊賀衆、甲賀衆七、八百、さいか《雑賀》衆千許《ばかり》」と記されている。おそらく、国人・土豪の同名中とその被官、そして人数的にもっとも多い足軽衆を加えたのが軍勢の実態だっただろう。

ここで注目したいのが、伊賀衆と甲賀衆に続く紀伊国の雑賀衆千人ばかりである。鉄炮衆として有名な雑賀衆に関しては、ほぼ同時期の史料に「雑賀足軽衆」すなわち雑賀鉄炮衆に関する珍しい史料がある（「真観寺《しんかんじ》文書」）。

天正五年七月七日付で雑賀の「七百人足軽衆」が、河内国渋川《しぶかわ》郡亀井《かめい》村（大阪府八尾《やお》市）の臨済宗南禅寺派金地院末《こんちいんまつ》の真観寺とその在所の平和を保障するべく制札《せいさつ》を発給している。雑賀足軽衆は、一時的ではあろうがこの地域の公権力となったのである。信長による紀伊国雑賀への攻撃は、同年二月から開始されていたが、三月になって赦免することになった。

しかし、七月には再決起した雑賀足軽衆が河内国方面に侵攻したようだ。大坂本願寺と関

表2－1　根来衆岩室坊の軍事編成

兵種	騎馬	幟指	弓	鉄炮	鑓	馬乗小者	歩行小姓	合計
数量	50騎	35人	50張	500挺	150本	500人	50人	1335人

係の深い久宝寺《きゅうほうじ》内の顕証寺《けんしょうじ》（大阪府八尾市）が近隣にあることから、雑賀足軽衆は久宝寺と連携していたのではないか。雑賀衆は大坂本願寺と親しかったことから、「七百人足軽衆」はこの地域を信長方から防衛するために進駐していたと思われる。彼らは、おそらく鉄炮をはじめとする様々な火器の扱いに長けた機動部隊だったのではあるまいか。

ここでは、雑賀衆の鉄炮衆としての具体的な軍備はわからないが、信長と敵対した大坂本願寺の宗主顕如や坊官下間《しもつま》氏が雑賀衆に宛てた書状には、二百人から五百人といった規模の鉄炮衆の派遣や五百挺あるいは千挺といった大量の鉄炮の提供を、たびたび依頼していることがわかる。

雑賀衆と同じく鉄炮衆として知られる紀伊国の根来衆については、関ヶ原の戦いに参陣した根来岩室坊勢意《いわむろぼうせいい》が、戦争直前に大坂城の毛利輝元《てるもと》に提出した慶長五（一六〇〇）年九月八日付の合計千三百三十五人にのぼる軍勢注文（『萩藩《はぎはん》閥閲録《ばつえつろく》』）がある。それを表にしたものを掲げよう（表2－1）。

本史料を分析した藤井讓治《ふじいじょうじ》氏によると、「騎馬五〇騎は幕府軍役表では四万石の四五騎に、鉄炮五〇〇挺は一三万石に、弓五〇張は七万石あるいは八万石に、槍一五〇本は一〇万石に、動員人数の点では九万石に対応している」ということである。

　それをふまえて、「岩室坊の軍事編成の特質は、幕府軍役と比較する限りにおいて、鉄砲すなわち火器を中心とした軍事編成」にあったと評価し、あわせて彼らが傭兵として諸国の戦陣に加わったことを指摘している。

　おそらく、これは伊賀衆や甲賀衆においても同様だったと筆者は推測する。後の江戸時代において、幕府が編成した伊賀組・甲賀組・根来組がいずれも鉄炮衆だったことが示唆的である。また、根来寺に鉄炮鍛冶がいたことは知られているが、近江国においては国友村や日野町における鉄炮鍛冶が有名である。伊賀衆や甲賀衆は、近隣の鉄炮鍛冶から鉄炮を調達していたのではなかろうか。

自治と平和の正体

　戦国時代の半ばまでは、惣村が危機に瀕した場合、連携関係にある近隣の国人・土豪層が軍事協力をすることがあった。ところが、鉄炮を彼らが手に入れ、自由に操ることができるようになると、事情が変わってくる。

　鉄炮の浸透が武士の軍事力を圧倒的に高め、惣村はそれに従属せざるをえなくなるのである。それが、戦国時代後半の郡中惣や惣国一揆、さらには戦国大名の動きだった。国人・土豪層の戦国大名への被官化、百姓の足軽化による鉄炮隊の編成によって、大名軍隊が拡大するのもこの頃だった。本格的な戦国動乱の時代に突入したのだ。

戦国大名への従軍や傭兵としての戦働きによって、地域社会において地歩を築く者たちが登場したのである。この頃、伊賀では一国規模で一辺が半町から一町規模の方形城館が築かれるようになる。近年の調査によると、六百五十を超える城館が確認されている。このような動向は、甲賀郡中惣においても同様であった。

これらは、天下統一の方向とは真逆の動向だった。戦国状況の継続が、軍事によって立つ彼らの生活を支えたからである。従来、方形城館の林立は、共同して地域防衛にあたる工夫とみなされることが多かったが、実は城主たる国人・土豪層の相互の利害対立による緊張状況を示すものだったのである。

戦国時代後半の動乱状況の深化こそ、鉄炮を操る畿内近国の土豪・百姓たちの広範な傭兵化を示すものだった。将軍家や管領家が分裂し、管領家の家宰三好氏や重臣松永《まつなが》久秀《ひさひで》の台頭と、混乱を極める畿内政治史を支えていたのは、戦乱の存続を生活の糧とする人々のエネルギーだった。そこには、およそ天下統一への要求などなかったとみられる。

さらに、傭兵化に伴う伊賀衆・甲賀衆相互の緊張関係が、高度な自治システムをの確立を促す要因となった。つまり、安心して故郷を離れて戦働きするためには、あらゆるレベルの紛争を解決するためのシステムの確立が不可欠だったからである。既に甲賀郡中惣においては、基礎単位である同名中、同名中連合、郡中惣といった各レベルにおいて紛争解決システムが整備されていたことが明らかにされている。

中世の地域社会においては、隣接する村落や荘園同士が百年以上にもわたって相論（紛争）を続けるようなことがあった。たとえば、惣村菅浦と隣荘大浦《おおうら》（滋賀県長浜市）との堺相論はそれに該当する。

平和を維持するために、村落のリーダー層は時に戦国大名や国人領主の力を借りつつ、自治システムを構築していったのである。従来から注目されてきた、大名対惣村あるいは武士対百姓といった対立構造は、実はきわめて硬直した発想であって、現実とはかけ離れていることが少なくない。

また戦争と平和についても、私たちはとかく二項対立的にとらえがちだ。戦争をやめて平和な社会を実現する、というように。ところが、伊賀惣国一揆や甲賀郡中惣をみると、そこで発展した自治による平和と信長や秀吉による天下統一による平和とは、どうしても両立しないことに気づく。

高度な地方自治すなわち平和システムが、構成員が戦争を生業とすることで成り立っていたからである。当然、天下人にとっては、無節操に戦働きをする伊賀衆や甲賀衆のような存在は否定せざるをえなかった。

秀吉は、畿内近国（近畿地方）を統一した天正十三（一五八五）年に、伊賀衆や甲賀衆を一斉に追放して、伊賀には上野（三重県伊賀市）に筒井定次《つついさだつぐ》、甲賀には水口《みなくち》（滋賀県甲賀市）に中村一氏《なかむらかずうじ》を配置するが、いずれも側近大名だった。伊賀・甲賀の自治システムは破壊され、天下統一戦という巨大な戦争の渦に巻き込まれることになったのだ。

読者諸賢は、戦国動乱はやがて天下統一への道に向かうという予定調和的な「常識」に染まっていたのではあるまいか。戦国大名は、領国内部の平和は望んだが、それ以上を望んだとは考えられない。自らが維持できる領域には自ずと限りがあったし、それを超えて侵略せねばならない必然性もなかった。よって、いかに信長や秀吉の天下統一事業が当時において異常かつ困難なものだったのか、ご理解いただきたい。

2 付城戦の時代

野戦の変容

ここに、二枚の戦国合戦図屏風《びょうぶ》から象徴的な一シーンを掲げよう。

図2-1は、永禄四（一五六一）年八月から九月にかけて勃発した川中島《かわなかじま》の戦いを描いた

図２－１　川中島合戦図屏風（柏原美術館蔵）

川中島合戦図屏風（柏原《かしわばら》美術館蔵）の右隻《うせき》で、九月十日未明、武田信玄が川中島の八《はち》幡原《まんばら》で陣立てしたシーンである。元和《げんな》年間（一六一五〜一六二四年）成立の『甲陽軍《こうようぐん》鑑《かん》』の記述に影響を受けたものといわれている。

注目したいのは、長槍隊の陣形である。先鋒に横列に等間隔で並んで、その脇を鉄炮と弓で援護するかたちをとっている。まだ鉄炮が十分普及していない段階に照応する陣形とみられる。あくまでも長槍隊がメインで、鉄炮や弓が支援する配陣である。長槍隊の背後にも、何段かの長槍隊が控えている。

武田方の別働隊が妻女山《さいじょさん》を攻撃していたためか、全体的に騎馬武者は少ないこともわかる。しかし左隻《させき》で描かれている別働隊が戦場に到着してからの白兵戦のシーンでは、騎馬武者の戦闘シーンも描かれている。その武器は、馬上槍が多数を占めている。

図２－２　長篠合戦図屏風（犬山城白帝文庫蔵）

図２－２は、長篠合戦図屏風（犬山城白帝文庫蔵）の左隻である。中央に流れる連子《れんご》川を挟んでの、織田・徳川連合軍対武田軍の衝突シーンであるが、前者の先鋒は鉄炮隊のみである。鉄炮が大量に浸透すると、軍隊の前面には長槍にかわって鉄炮が配置され、その背後に弓隊がみえている。玉込めの間に、弓で援護するのであろう。

描かれている鉄炮はすべて同様に描かれているが、出土した玉の分析からは、多くは二匁五分筒から三匁筒といった足軽が所持した小筒が使用されたことがわかり、信長の家臣団が組織した足軽衆のものを寄せ集めた「諸手抜《しょてぬき》」の鉄炮だったことが判明している。

これらの合戦図屏風は、いずれも一七世紀の制作と推測されていて、該当の戦争を同時代に描いたものではないが、まだ戦国の余韻《よいん》が伝わる時期に制作されたものであるから、まったくの想像の産物とみなすべきではない。

重要なのは、鉄炮の浸透に応じて陣立が変化していることである。川中島の戦いの段階では、長槍隊が戦場の主役で、鉄炮や弓は脇役としてそれを援護するという位置づけだったのが、長篠の戦いに至ると鉄炮主体に変化したとみられるのである。

それ以降の戦国合戦図屏風には、管見の限りではあるが足軽の長槍隊はほとんど確認できなくなる。一七世紀前半頃から成立し始める各軍学においては、長槍隊を白兵戦に不向きな鉄炮隊を警護する部隊とみなすようになり、重視しなくなるという。この頃成立する戦国合戦図屏風の描写に影響を与えたのかもしれない。

確かに、長槍は長いもので七メートル近いものもあるから、鉄炮戦が一般化すると足手まといになったのではないか。おおよその傾向としても、戦場の主役は長槍隊から鉄炮隊へと交代していったとみられる。

付城戦の展開

変わったのは、野戦だけではない。天正年間（一五七三〜一五九二年）の信長の戦争は、付城による攻城戦の段階を迎える。攻撃・守備拠点としての機能を果たす要塞である付城を、敵城の周囲にごく短期間に多数構築して敵対勢力を孤立させるという戦法は、戦国末期から織豊期にかけて全盛となった。これを付城戦とよぶ。

なお、この段階になると純然たる野戦はまれである。一定期間を必要とする戦争においては、攻撃・防御拠点としての陣城・付城の構築は必須で、野営するにしても、軍勢を安全に維持するには、堀や土塁、逆茂木や竹矢来《たけやらい》などに囲まれた陣所や陣城を必要とした。また、敵勢を待ち受けるにしても、鉄炮や大砲の陣地となる城郭で応戦したほうが有利である。

それまでも戦国大名間の戦争では、千から万単位の軍勢が動員され、大会戦や攻城戦がおこなわれることがあった。しかし軍隊内での足軽以下の雑兵の割合がきわめて高く、兵站の確保にも限界があったため、なかなか敵方と雌雄を決するまでには至らず、長期にわたって所領の境目をめぐる小競り合いを繰り返した。

もちろん敵城の周辺に陣城・付城を築くこともあるが、それは小規模で限定的だった。付城戦は時間と戦費を必要とするから、それよりも敵領に侵入して刈田や放火をおこなって心理的な圧力を与え、敵方の内応を画策するという戦術が基本となったのである。つまり消耗の激しい主力決戦や攻城戦をできるだけ回避して、粘り強く調略をおこない、勝機に臨めば一挙に勝敗を決するというものだった。

それに対して織豊期の戦争は、一時的な勝敗を問題にするのではなく、占領地域を領国に編入し、さらには敵対勢力の息の根を止める殺戮《さつりく》戦へと変化した。付城群を有効に活用した戦術は、それに照応するものだった。

付城戦には、付城群をつなぐバリケードとして逆茂木や土塁が普請され、堀が伴うことがあった。したがって水攻めも、その一形態に属する。織田信長をはじめとする天下人たちには、付城戦を遂行する技術と資本が蓄積されていたのである。

ただし、織豊期の城攻めに際して、必ず付城戦が採用されたのではない。基本的に本城クラスの堅城を攻略する時に選択されたのだが、その目的は落城させることのみならず、後詰《ごづめ》（後巻《うしろまき》ともよぶ）勢力を誘い出し、決戦をめざすことにも置かれていた。したがって付城戦とは、敵対勢力相互の軍事力が伯仲している場合におこなわれることを特徴としている。

付城戦が本格化するのは、信長と将軍足利義昭との戦いにおいてであった。義昭を推戴する諸大名や大坂本願寺とその指揮下にあった一向一揆が連携しつつ同時多発的に各地で蜂起し、それに対して信長側は敵の拠点城郭に対して数ヶ所、場合によっては数十ヶ所の付城を配置して応戦した。

信長の付城戦は、番匠・鍛冶・鋳物師・金掘りなどの多様な職人集団が中核となった工兵隊による、物量戦・消耗戦の様相を呈していた。したがって足軽以下の雑兵の役割は、ますます高まっていった。

彼らの任務は、短期間に付城群や長大な土塁・塀・柵・堀などを普請して大規模な包囲網を形成し、仕寄のために塹壕を掘ったり、敵陣を偵察するための井楼を構築したり、鉄炮の弾よけとなる竹束を用意するというものであった。場合によっては金掘りの指揮のもと、敵城まで穴を掘り進めて、櫓や城壁を倒壊させることも試みた。

信長軍の攻城戦

ここで、信長軍の主要な付城戦のデータをまとめた表2-2を参照したい。これによると、元亀元（一五七〇）年から本格化して本能寺の変の時期まで継続し、その期間中に二つのピークのあったことがわかる。

第一のピークは、元亀年間（一五七〇～一五七三年）である。義昭の指示で大坂本願寺と浅井氏・朝倉氏そして延暦寺《えんりゃくじ》などが連携したことに応じて、信長が近江小谷城《おだに》（滋賀県長浜市）と近江佐和山城、大坂本願寺、比叡山《ひえいざん》などに対して付城群を築いた。

興味深いのは、小谷城の付城虎御前山砦《とらごぜんやま》と宮部《みやべ》要害を幅三間半の道路で結び、それに付属して高さ一丈の築地を五十町にわたって普請し、外部には堀を掘ったことである。付城相互をバリケードで結ぶのは、連絡路の確保という意味もあった。

第二のピークは、天正四（一五七六）年から同七年にかけてである。ほぼ同時に、大坂本願寺、摂津有岡《ありおか》城（兵庫県伊丹市）とその支城摂津花隈《はなくま》城（兵庫県神戸市）・摂津尼崎《あまがさき》城・摂津三田《さんだ》城（車瀬《くるませ》城・兵庫県三田市）、播磨三木城とその支城播磨神吉《かんき》城（兵庫県加古川市）・摂津端谷《はしたに》城（神戸市）・摂津道場《どうじょう》城（大阪府摂津市）・摂津淡河《おうご》城（神戸市）、そして丹波八上城、丹波黒井《くろい》城（兵庫県丹波市）などに付城を配置して包囲戦をおこなっている。

普請された付城の総数は百を下らないと推定され、以後これだけの規模で同時に付城戦が展開されることはなかった。

これに対して毛利氏は、播磨魚住《うおずみ》城（兵庫県明石市）から三木城へ、あるいは兵庫津から花隈城や播磨丹生山《たんじょうさん》城（神戸市）を経由して淡河城や三田城、さらには摂津青原寺《せいげんじ》経由で八上城へと兵粮を入れたといわれる。

信長が義昭を擁する毛利氏と厳しく対峙した時期と、第二のピークは重なる。大坂本願寺・荒木氏・別所氏・波多野《はたの》氏・赤井《あかい》氏らは相互に連携し、花隈城には義昭の側近小林家孝《こばやしいえたか》が軍監として出張しており、毛利氏の後詰の時機をうかがっていた。別所氏・波多野氏・赤井氏は、婚姻などを通じて緊密な関係を形成しており、これらの信長包囲網には播磨御《ご》

表2－2　信長軍の主要な付城戦

年・月	付城戦
元亀元・7	近江佐和山城攻撃のために、百々屋敷をはじめ四方に砦を固め、猪垣を結ぶ
元・9	大坂本願寺攻撃のために、天王寺を本陣とし楼岸・川口に付城を築く
元・9	比叡山攻撃のために、香取屋敷・穴太・田中・唐崎・勝軍などに付城を築く
3・3	志賀郡の木戸・田中両城に対する付城を築く
3・7	近江小谷城の付城として、虎御前山砦を築く
3・8	虎御前山砦と横山城のつなぎの城として、八相山・宮部郷に築城する
天正元・7	近江鯰江城に対する付城を築く
元・8	小谷城の大嶽を攻め落とし、軍勢を入れる
天正2・2	美濃明智城の付城として、高野城・小里城を築く
4・4	大坂本願寺の付城として、野田に三ヶ所と守口・森河内に築く。天王寺にも陣城を築く（本願寺との戦争は天正8年まで）
4・5	大坂本願寺に対して、四方の隅に10ヶ所の付城を築く。住吉浜手に陣城を築く。本願寺方は、51ヶ所の支城を構える
6・7	播磨三木城に対する付城を築く（別所長治との戦争は天正8年正月まで）
6・11	摂津高槻城の付城として、天神山砦を築く。摂津茨木城の付城として、大田郷に築城する
	摂津有岡城の付城として、貝野郷・総持寺・刀根山に築く（荒木村重との戦争は天正7年11月まで）
6・12	明智光秀、丹波八上城の四方三里を取り巻き、堀を掘り塀・柵を幾重にも廻らす（波多野秀治との戦争は天正7年6月まで）
6・12	有岡城の付城として、塚口・毛馬村・倉橋郷・原田郷・刀根山・郡山・古池田・賀茂・高槻城・茨木城・中島・ひとつ屋・大和田を固め、在番衆を定める

7・3	有岡城の付城として、織田信忠が賀茂岸・池の上に築く
7・4	三木城に6ヶ所の付城を築く。有岡城の付城として、塚口・塚口の東・毛馬・川端・田中・四角屋敷・河原・賀茂岸・池上・古屋野・深田・倉橋に築き、二重・三重に堀を掘り塀・柵を廻らし、在番衆を定める
7・7	光秀、因幡鬼ヶ城に付城を築く
8・4	播磨の宇野民部構（長水山城）に対して、麓を焼き払い三つの付城を築く
9・6	羽柴秀吉、因幡鳥取城に対して太閤ヶ平（陣城）と付城を鹿垣で結び、堀を掘って土塁を普請し、二重・三重の櫓を上げる（吉川経家との戦争は9年10月まで）
10・5	秀吉、備中高松城を水攻めする

（『信長公記』、「播磨別所記」などより作成）

着《ちゃく》城（兵庫県姫路市）の小寺《こでら》氏や阿波の三好氏や紀伊の雑賀衆なども連なっていた。

信長は、一丸となって抵抗する西国勢力に対して付城戦を敢行した。膨大な付城群には、常に多くの兵力が駐屯していたのではない。たとえば、明智光秀は有岡・三田・八上などの陣所をしばしば移動していた。付城戦は、少ない兵力で敵方を釘付けにするばかりではなく、毛利氏の出方をさぐるための格好の戦術でもあったのである。

付城戦の実像

ここで付城戦の具体例として、明智光秀による丹波八上城（兵庫県丹波篠山市）攻撃を取り上げる。この全過程をまとめた表2-3をもとに論じたい。

天正四年に城主波多野氏が信長から離反したのは、友好関係にあった氷上《ひかみ》郡の赤井氏が明智光秀に攻撃されたからであった。当時の赤井氏は、義昭に従い大坂本願寺と連携していたのである。これに対して光秀は、まず籾井氏や荒木氏ら波多野氏重臣の城郭を攻撃した。そののち信長は、八上城と黒井城に通じる道路の整備を指令している。

天正六年の九月十三日付の光秀書状（坂本《さかもと》箕山《きざん》『明智光秀』所収写真）によると、八上城の「後の山へをしあかり（押上）陣取りすべく候」と記されている。おそらくこれが、図2-3にみえる曽地奥砦であろう。八上城背後の尾根筋を封鎖することで、摂津方面から兵粮が搬入できないようにしたのである。

『信長公記』は、「三里四方に堀をほらせ、塀・柵を丈夫に幾重も」めぐらしたと記すが、周囲一～三キロメートルに十三ヶ所の付城跡が確認されており、これらは八上城全体を包囲するように配置されている。

ここで注目されるのは、光秀が金山《きんざん》城（兵庫県丹波篠山市）と国領《こくりよう》城（丹波市）という城郭に家臣を配置していたことである。両城は、八上城と黒井城の連携を遮断するために築かれたものであった。同時に、黒井城の周りにも付城を普請している。

また光秀は、荒木《あらき》村重《むらしげ》の重臣で三田城主だった荒木重堅《しげかた》が後詰に来ることも予想していた。

そこで自ら三田城に向かい、付城を四ヶ所普請している。このように、光秀は黒井・三田両城からの後詰攻撃を警戒し、八上城への包囲網構築と同時に対応を進めた。

表2－3　八上城付城戦略年譜

年・月	事項
元亀元・11	織田信長、波多野秀治の進物太刀・馬に対する礼を述べる
天正4・1	丹波黒井城攻撃中の明智光秀、波多野秀治の離反によって敗退する
5・10	明智光秀、波多野氏重臣籾井氏を攻撃する
6・2	波多野秀治、信長に背いた播磨三木城主別所長治に同調することを決心する
6・4	明智光秀・滝川一益・丹羽長秀、波多野氏重臣荒木山城守を攻撃する
6・9	八上城の包囲が始まる
6・10	摂津有岡城主荒木村重、信長に背く
6・11	明智光秀、明智越前守（小畠永明）に対してしっかりと付城を守備するように命じるとともに、摂津三田城主荒木重堅が後詰めしたとしても大したことはないと述べる
6・11	明智越前守、八上城と黒井城を分断するための金山城と国領城を視察する
6・12	明智光秀、八上城の四方三里を取り巻き、摂津三田城に付城を四ヶ所付ける
7・1	波多野方、付城籠山城を襲い明智越前守を討つ
7・2	波多野秀治、兵庫屋惣兵衛に徳政免除などの諸特権を与える
7・4	八上城籠城衆から助命・退城の要求が出される
7・5	八上城落城迫るとの風聞あり。光秀、攻城中の家臣に指示を与える
7・6	波多野秀治、信長に降伏したが許されず安土城下慈恩寺で処刑される
7・8	黒井城、落城する

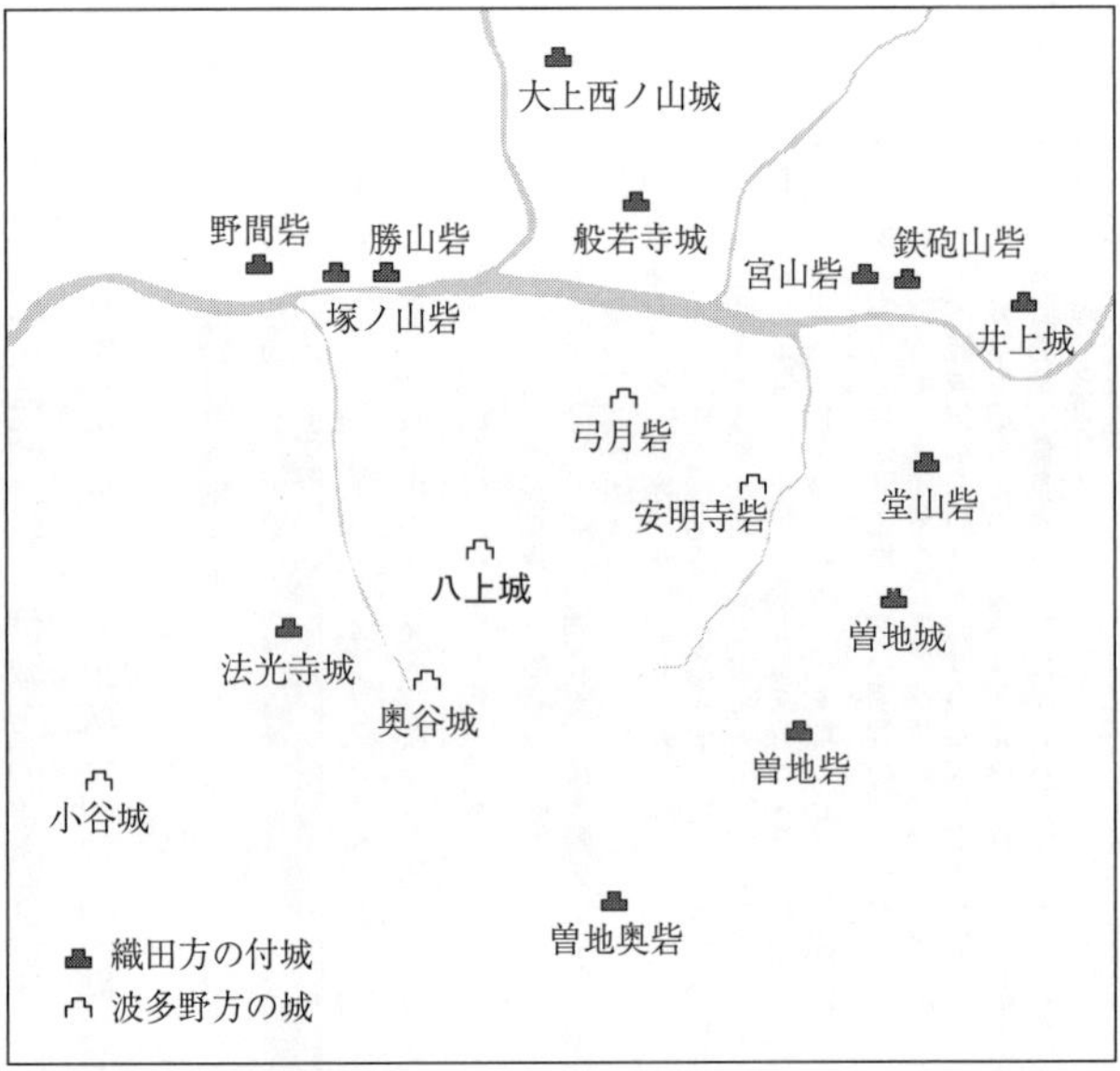

図2－3　八上城包囲の付城位置図（天正7年当時。八上城研究会編『戦国・織豊期城郭論――丹波国八上城遺跡群に関する総合研究』より作成）

しかし波多野氏は、防戦一方ではなかった。天正七年正月には、光秀の本陣近くの籠山城を襲い、現地指揮官である明智越前守を討ち取っている。また二月には、地元の商人と思われる兵庫屋惣兵衛に徳政免除などの特権を認めた。これは、波多野氏に情報や兵粮などを提供したことへの恩賞だろう。

光秀は、包囲網を徐々に狭めていった。その結果、四月には城山を囲み「塀・柵・乱《らん》橛《ぐい》・逆茂木」（「下条文書」）を厳重に廻らせたため、孤立した城内は四百～五百人も飢え死にするような惨状となった。結局、光秀は「調略」すなわち城内の呼応者を利用して波多野氏を捕らえ、安土の信長のもとに護送した。信長は「波多野兄弟三人」（『信長公記』）を許さず、六月四日に処刑したため、丹波波多野氏は滅亡した。

付城戦は、畿内・東国を支配した将軍相当者・信長と、毛利氏などの西国勢力を「公儀」の軍隊として糾合した現職将軍・義昭との勢力が拮抗した時期に全盛期を迎えたのである。これに対して豊臣秀吉の付城戦は、大規模ではあったが短期間で終了し、信長のように何年にもわたって各地の戦場で並行して展開するということはなくなる。

付城戦については、前提として、当該城郭の周囲に配置された支城を落とす。降伏した勢力を城攻めの先兵としたり、抵抗する残党を敵城に追い入れて兵粮の消耗を早めさせる。続いて、当該城郭を囲んで孤立させ、兵粮を入れるルートを遮断し、同時に後詰勢力に対応すべく付城群を配置し、それらを結ぶように土塁・塀・柵・堀などを普請する。

そして波状攻撃を繰り返しながら包囲網を狭め、付城群もそれにあわせて移動してゆく。たとえば、信長による播磨三木城攻撃には三次にわたって付城群を普請している。付城の資財は使い回しされるので、発掘しても遺物は少ない。攻城勢力は、包囲網の形成と並行して敵方と交渉をおこない、降伏を勧告したり、内応者を募って落城を早めたりした。

3 陸戦と連携する安宅船

木津川口の戦い

海戦の様相も変貌した。戦国時代の海賊は、通常、「関船《せきぶね》（早船）」や「小早船《こはや》」などの中・小型快速艇に乗り込んだ。いずれも、熟練の水主が漕ぐことで進むものであって、一般的に重量があり雨に弱い筵帆《むしろほ》が一本しかないため、帆走のみの航行は不可能だった。

これは「大船」と記される安宅船《あたけぶね》でも同様で、木綿帆を備えた弁才船《べざいせん》が普及する江戸時代中期まで純粋な「帆走専用船」は登場しなかった。ただし、支倉常長《はせくらつねなが》ら慶長遣欧使節が乗船したガレオン船サン・ファン・バウティスタ号（仙台藩建造）のような例外もあった。

集団戦法で対戦相手の船を包囲して孤立させ、攻撃には炮烙玉や炮烙火矢を使用して焼き沈めるというのが、瀬戸内海戦の一般的な戦法だったのである。やがて、大砲を備え、鉄炮を撃ちかけるのに適した大型戦艦・安宅船が登場する。

天正四（一五七六）年七月の木津川口《きづがわぐち》の戦いに、真鍋氏ら和泉衆を中心とする織田水軍は、瀬戸内の覇者・村上《むらかみ》氏を中核勢力とする毛利水軍の前に完敗し、大坂本願寺への兵粮搬入を許してしまった。

真鍋氏らは和泉国人衆であり、和泉大津などの大坂湾の要港を拠点にしていた。『信長公記』によると、彼らはわずか三百余艘《そう》で、大船八百艘を擁する毛利勢と戦った。村上水軍は、「海上では、ほうろく《（炮録）》火矢などという物をこしらえ、味方の舟を立ち往生させて、これを次々と投げ込んで焼き崩した」という。

七月十五日付の毛利方の注進状（『毛利家文書』）によると、織田水軍は木津川口に井楼を組み立てた「敵警固太船」すなわち安宅船を数艘結集させて停泊し、その周囲を二百余艘の敵警固船で固めていたという。木津川口から本願寺に向かい、兵粮を補給することを阻もうとしたのである。戦争は七月十三日から十四日早朝までおこなわれ、毛利水軍は織田方の大船をすべて焼き崩し、数百人を討ち取ったと報告している。

安宅船は、巨艦であるため帆走能力は低く、五十挺から百五十挺以上の艪《ろ》を、約五十人から二百人の水夫が漕いだ。速度は遅かったが船体が高く、しかも櫓を載せたため、高い位置から大砲や鉄炮が射撃できたから、攻撃能力は相当に高かった。このように海戦は着実に変化して、俊敏性よりも火力の優劣が勝敗を分ける決定的な要因となっていく。

和泉水軍は、信長が編成した初期の瀬戸内水軍だった。和泉国淡輪《たんのわ》出身の真鍋氏は、天正四年五月に信長に属したばかりで、泉大津城主として三千貫文を給与された。つまり、大坂本願寺に対する備えとして配置されたのである。

信長の軍艦

信長が自らの軍艦をもっていなかったかといえば、否である。『信長公記』における「大船」の初出は、元亀四（一五七三）年五月二十二日条である。佐和山に陣を据えた信長は、多賀《たが》・山田《やまだ》の山中から木材を伐り出し、佐和山の麓の松原《まつばら》へ芹川《せりかわ》沿いに引き下ろさせた。近江国中の鍛冶・大工・製材業者を動員して、熱田《あつた》大工の岡部又右衛門《おかべまたえもん》を棟梁に任命して、船の長さ三十間（約五四メートル）、横幅七間（約一三メートル）、艪を百挺つけ、艫《とも》と舳《へさき》に櫓を建て、堅牢に造るよう命じた。まさしく安宅船である。

信長は、佐和山に在城して陣頭指揮をしたので、早くも七月三日に竣工《しゅんこう》している。その大きさに人々が仰天したと記す。この湖の巨大戦艦は、七月六日に佐和山から対岸の坂本まで信長らの軍勢を運んだ。将軍足利義昭が宇治の槇島城（京都府宇治市）で挙兵したからで、あたかも、義昭の挙兵を予見して建造したかのようである。

この戦いに勝利した直後の七月二十六日、またこの大船で近江国高島郡の木戸《きど》（滋賀県大津市）・田中《たなか》（滋賀県高島市）両城に向かい、両城を攻め落とし郡内を鎮圧して、琵琶湖における大船の有効性を存分に発揮した。

これは、当時の信長が、環伊勢海三ヶ国を支配に置き、城下町を舟運で結びつけていたことによる発想だった。大船を活用した攻撃は、天正二年の長島《ながしま》一向一揆攻撃にみられる。同年七月十五日には、九鬼喜隆《くきよしたか》をはじめ滝川一益、伊藤実信《いとうさねのぶ》、水野直盛《なおもり》らが安宅船で参陣している。

織田勢は、戦いの終盤に大鳥居《おおどりい》・篠橋《しのはせ》両城（三重県桑名市）を攻撃するが、大砲を撃ち込み、塀・櫓を撃ち崩して攻めたので、両城からは赦免願いが届けられた。安宅船には艦載砲が載せられていたことがわかる。

このようにみると、信長は伊勢海→琵琶湖→瀬戸内海という順で安宅船をはじめとする軍艦を用いて、大砲や鉄炮を使用する新たな海戦をおこなっていたことが判明するが、共通するのは火器の有効利用である。野戦はもとより、攻城戦あるいは海戦においても、大砲を巧みに用いて、塀や櫓あるいは船体を破壊した。

国産大砲の衝撃

天正四年の木津川口の敗戦の後、信長は志摩の水軍・九鬼氏に命じて伊勢で鉄板張りの安宅船である「鉄ノ船」、すなわち鉄甲船《てっこうせん》を造らせ（『多聞院《たもんいん》日記』）、熊野灘《くまのなだ》を経由し大坂湾に向かわせた。天正六年の戦闘を描写する次の『信長公記』の描写に注目したい。

「九鬼右馬允（嘉隆）は、七艘の大船に小船を従えて山のように飾り立てていたが、敵船を間近く引き付け、適当にあしらっておいて、大鉄炮を一斉に放って、敵船を多数破壊してしまったから、その後は敵船もなかなか近づく手段が見つからず、難なく七月十七日に堺に着岸することができた」

鉄甲船を阻止すべく、大坂湾南部の紀淡海峡付近において雑賀や淡輪の水軍が取り囲んで、矢や鉄炮で攻撃したが、鉄甲船の大鉄炮を用いた攻撃に敗退したことがわかる。関係史料には、信長があらかじめ荒木村重を通じて沼間《ぬま》・真鍋氏ら和泉水軍に命じて、大坂湾で警固するように命じていたことが記されている（「釈文書」）。

このような動きに対して、毛利水軍が再び出動する。『信長公記』の十一月六日条には「大将軍の船と思われる船に大鉄炮を発射して打ち崩したので、敵船は恐れをなしてなかなか寄せて来なかった」と記す。

この十一月の海戦においても、七月の海戦と同様に大鉄炮が相当の威力を発揮し毛利水軍が敗退している。わずか二年間で、海戦においては炮烙火矢などの小型火器から大鉄炮という大型火器を大量に使用するものへと変化した。

鉄甲船は、炮烙火矢や鉄炮の攻撃を防ぐためだけに鉄板張にしたのではない。軍船を破壊しうる艦載砲が備え付けられていたのである。つまり、舷側を装甲し大砲用の狭間が穿たれている大型戦艦だったのだ。これについては、宣教師オルガンティーノが実見したことを記しているので『耶蘇《やそ》会士日本通信』から紹介したい。

船には大砲三門を載せたるが、何地より来りしか考ふること能はず。何となれば豊後の王〔大友宗麟〕が鋳造せしめたる数門の小砲を除きては、日本国中他に砲なきことは我等の確知する所なればなり。予は行きて此大砲と其装置を見たり。又無数の精巧にして大なる長銃を備へたり。

オルガンティーノは、鉄甲船に乗船して大砲三門ばかりか無数の長銃が備わっていることを確認している。これまで、和製の大砲は天正八年に筒井順慶が青銅大筒を鋳造した形跡があるが、それ以前に国産鋳造の例はなかったとみられてきた。しかし、既に紹介しているように、元亀年間から信長は大砲を使用していた可能性がある。

オルガンティーノが確知していると記したのは、大砲がイエズス会の関与なしに鋳造できないと認識していたからであった。しかし、鉄甲船には国産大砲が艦載されていたことは事実であるから、天正六年以前には確実にイエズス会とは別ルートで信長が大砲を確保していたとみられるのである。イエズス会にとって、これは大きな衝撃だったに違いない。

ただし、鉄甲船の記録はここで途絶えてしまい、次に登場するのは文禄・慶長の役の際、秀吉が建造したものだった。大型の鉄板張りの安宅船は、海の覇者としての権威の象徴という意味合いが大きかった。

安宅船の輸送・宿営機能

安宅船の実態は、大重量のため速度が遅く、船体が方形の箱造りであるため水圧に弱いという、戦艦として致命的な欠陥があった。そのため、航行しながら数門の大型砲を一斉に発射したり、敵船に衝突させて破壊したりすることはもちろん、外洋航行することさえ不得手だった。

つまり、天正六年の木津川口海戦のように、何艘か停泊して、しかもその周囲を関船や小早船で護衛させる必要があった。そのうえで大砲などによる攻撃で威力を発揮した。これが、竜骨構造のガレオン船に較べて決定的に劣るところだった。

秀吉は、この情報を得ていたから、天正十五年に九州攻撃を終えて博多でフスタ船（大砲を載せた吃水《きっすい》の浅い快速の洋式軍船）を見学した。国内で南蛮船（当時も黒船とよんだ）が見学できるのは、それが入港する九州の長崎とその周辺しかなかった。

長年実見することを待望していた秀吉は、その性能に大いに満足し、イエズス会を通じて得ようとしたが拒否されてしまう。腹いせのようにその直後に発令されたのが、バテレン追放令だった。秀吉が苦慮した造船技術の問題は、後の朝鮮出兵時の海戦における苦戦に直結した。

先述したように、安宅船の構造上の欠陥は箱型の船体にあった。ただし、これによる利点もあったことに注目したい。それは、なんといっても圧倒的な積載能力である。この点によって、安宅船は天下統一戦の必需品となったのだ。その初期の例として、天正十三年の秀吉の四国国分に際しての毛利軍の攻撃に注目しよう。

天正十三年七月五日、吉川元長《きっかわもとなが》は伊予国今治《いまばり》に上陸し小早川隆景《こばやかわたかかげ》と会談し、「竹子《たけのこ》」に山陣し陸路にて敵将金子元宅《かねこもといえ》の籠もる高尾城《たかお》（愛媛県西条市《さいじょう》）をめざした（『吉川家文書』）。なお竹子とは、「愛媛県行政資料（藩政期・明治期）絵図―桑村郡―」の、「桑村・越智郡境実測」中に「医王山大岩〔以下朱書〕或ハクヅレ岩 竹ノ子」と記されていることから、西条市内であることが判明する。

ここは、古代に朝鮮式山城永納山城《えいのうさん》が築かれた瀬戸内海の軍事拠点だった。また南北朝から室町時代にかけて、細川方と河野方《こうの》との戦いがおこなわれた今治街道沿いの要衝でもある。現在も、大岩の露頭する城郭遺構が良好に残存しており、宿営地とするにはふさわしい場所といえよう。

元長は「中陣」したとも記している。これは伊予上陸以来、軍勢と並行して進軍していた安宅船に宿営したことと理解される。敵地に宿営する場合は、当然のことながら城郭に準ずる要害か軍船を選択したのである。

安宅船は、様々な軍事物資を輸送するばかりか、宿営機能ももっていたのである。この後、秀吉は九州攻撃の際は周防赤間関に武器や兵粮用の倉庫を造り活用したが、その前提となったのは安宅船による海上輸送力だった。安宅船は、天正十八年の小田原《おだわら》攻めでも石垣山《いしがきやま》城への資材輸送や海上封鎖に活躍している。

兵員や武器・兵粮の輸送、さらには宿営施設といった機能は、朝鮮出兵においても活用されている。さらに、慶長年間（一五九六～一六一五年）から寛永年間（一六二四～一六四四年）にかけて全国規模で城郭の移転がおこなわれるが、この際にも安宅船が活躍している。

たとえば、慶長十三（一六〇八）年における藤堂高虎の伊勢津への転封に際して、今治城などから建造物が解体されて移送された。これについては、「予州より御国替の節、日本丸の御船に只今の京口、伊賀口、中島口御門の道具積み候て参り候由、大船故津の湊口へ入り申さず候に付き、その後御案内遊ばされ候て沖に解き候由、田野総左衛門母十一才の時、此船に親と一所に乗り候て爰許《ここもと》へ罷《まか》り越し候由咄し申し候」（「船手事記」）と記されている。

興味深い内容である。日本丸とは高虎が秀吉から下賜された巨大安宅船のことで、これに、伊予から京口・伊賀口・中島口の三門になる城門が分解されて積まれ、家臣団とともに伊勢津へ運ばれてきたというのである。とかく、安宅船は戦艦としての機能が注目されがちだが、艦載砲による攻撃能力のみならず、陸上戦と一体になった輸送・宿営機能にも注目するべきである。

朝鮮出兵期の船戦と同胞意識の欠如

朝鮮出兵の緒戦に際して秀吉は、諸大名に命じて同一規格の大船を大量に建造させた。その規格は、最終的に全長十八間、全幅六間半に統一された。これは、先述した九鬼嘉隆が天正六年に建造した鉄甲船とほぼ同一サイズだった。秀吉は、乗組みの兵士や漕ぎ手を敵の攻撃から守るため、船体上部を鉄板の装甲で固め、矢倉で囲った船すなわち囲い船にするよう命じている。

ここで慶長二年七月におこなわれた巨済島《コジェド》の海戦を通して、安宅船時代の船戦について紹介したい。まず「早舟」おそらく関船クラスの戦艦を操作して敵船に近づき、敵船を大砲や鉄炮で攻撃し、隙をみて乗り移り、自家の旗印を立てて、敵将を討ち取る。また、逃亡する敵船に対しては、火矢などを使って焼き沈める。これが一連の流れである。

軍功において第一に重要なことは、一番乗りであった。その点で、陸戦となんら異なるところがなかった。敵船は敵城と同様で、乗っ取るものだったのだ。この海戦では、全軍を監視する軍目付《いくさめつけ》すなわち軍監も配置され軍功を判断したのだが、一番乗りの功を藤堂高虎と加藤嘉明《かとうよしあき》とが激しく争い、以後、両家の対立は長きにわたったように、十分なものではなかった。

彼ら諸大名には、「日本軍」というような同胞意識は希薄だったようだ。当時、日本の軍隊は朝鮮半島で本格的な陣城で倭城《わじょう》といわれる日本式の近世城郭を築城した。現在残っているのは、朝鮮半島の南端地域のみで約三十城ほどだが、城郭史研究においては非常に重要なものである。

信長や秀吉の時代に限定される城郭遺構は、大方が後年に改修を受けていることから、国内ではほとんど残っていない。それに較べると、倭城は朝鮮出兵時のみに機能したものであって、しかも石垣をはじめとする遺構がよく残り、瓦などの遺物も地表に大量に散乱している。

筆者は、一九九八年二月に高虎が伊予の水軍衆とともに築城した慶尚南道《キョサンナムド》の南端に位置する安骨浦《アンゴルポ》城跡（昌原市鎮海区）を訪問した。隣接する加徳島《カドクド》と熊川《ウンチョン》の二城と一体になって日本軍の基地として機能した大規模な倭城である。

当時は、それぞれ残存状況が良好だったが、現在は近辺まで開発が進んでいると聞く。考えさせられたのは、三つの城郭が合体していることである（一城別郭）。これは、担当した高虎のほか脇坂《わきさか》氏や加藤氏らの大名が、独自に建設にあたったという事情を反映する。

それぞれが惣石垣で普請され天守クラスの櫓や立派な虎口までも備えながら、全体としては一つの城郭なのである。この時期においても、大名家中の枠組みは厳然として強固であり、共同作業で一城を築城することができなかったことを物語っている。その後も倭城を守備する在番衆《ざいばんしゅう》同士のトラブルがあり、家中の壁を超えることはできないままだった。

二十万人を超える大軍団が、日本を離れて異国の地に集結したのであるが、アイデンティティーとして日本は神国であるとする神国思想は一定程度浸透したものの、参陣した武士たち相互に、大名家中を超えた同胞意識は共有されることはなかったようだ。

海賊衆のたそがれ

海戦を担った海賊衆は、元来は関船や小早を巧に操り、敵船に近づき炮烙玉を投げ込んだり、飛び移って白兵戦をおこなう伝統的な船戦を得意としていた。ところが、先にみた天正六年の九鬼嘉隆の鉄甲船の戦いが典型的であるが、安宅船をはじめとする大型艦船による大砲以下大小の火器による攻撃が中心になってくると、伝統的な海事専門家としての役割の低下は否めなくなってくる。つまり、海戦は火器を終始打ち合うだけの戦いになってしまったのだ。

それに加えて、秀吉による国内統一の進展とともに天正十六年に海賊禁止令が発令されるなど、活躍の場を失いつつあった。そのなかで、唯一といってよいのが海関の管理者としての生き残りだった。ここでは、目を東アジア世界への出入り口にあたる下関《しものせき》と上関《かみのせき》に転じて、彼らの流転についてふれてみたい。

朝鮮出兵の折、不幸にも戦闘や病気などによって不慮の死を迎えた大名は少なくない。そのなかに、甲斐国主加藤光泰《みつやす》がいた。文禄の役の時期に、彼が朝鮮の陣所から発した五月二十五日付書状（「大洲加藤家文書」）の一節を現代語訳で紹介したい。

この者一人を甲斐国へ使者として派遣します。人留めの海関ではご違乱ないようにお通しください。下関にてご両人に申しました。この書状をご覧になって、使者を先々甲斐国までお通しいただきたく存じます。（中略）こちら（朝鮮国）へ連れてきた小者が、多く逃亡しています。（中略）いかなる時も私の使者が日本に上る時は、拙者の花押か、そうでない場合は、この細長い印判を据えますので、お通しいただきたく存じます。

加藤光泰は、朝鮮から国許へ派遣する使者の通行許可を下関（山口県下関市）の「御番衆」と「人留の御番所」に求めており、先々の関所の通行許可も依頼している。文中には、大量の小者の脱走が発生していることが記されている。今後は、光泰の花押か印判のある文書をもつ者しか通してはならないと依頼したのである。実際にこの書状には、両方とも据えられている。

秀吉も、朝鮮国から大名の国許への使者については、切手を与えて「逐電の族」との区別をするように指令しているから（「水口加藤家文書」）、戦場から相当数の逃亡者がいたことが想像される。

朝鮮国から瀬戸内海に入る時の要衝である上関（山口県熊毛郡上関町）や下関には、大規模な城郭機能をもつ海関が置かれていた。また瀬戸内海の要所には、人留番所として公儀の海関が相当数設置されており、政権側の役人と共同で海賊衆も「役人」として管理し、不審な船舶や戦場からの逃亡者を監視していたことがうかがわれる。

朝鮮出兵は、国内の海防体制を構築した。戦国時代において海賊たちの津料徴収の場だった海関であるが、先述した天正十六年発令の海賊禁止令によってそのすべてが廃止されていたわけではない。

この段階において平時・戦時を問わず海の秩序を維持するためには、政権や各大名にとって一定数の公儀の海関が必要だったからである。朝鮮出兵時にはそれらが人留めの機能をもつ海関として要所ごとに存在し、戦場からの逃亡者を監視しており、海賊衆が地元採用の役人として管理したと推測する。

天正十五年六月の九州国分直後の賊船事件によって海賊禁止令（初令）が発せられ、村上氏は処分された。本拠地能島《のしま》から周防国屋代島《すおうやしろじま》（山口県大島郡周防大島町）への退去、そして筑前国冠《かむり》（福岡県糸島市）への移住を強制されたのであるが、これをもって、瀬戸内の海賊世界が解体されたわけではない。

残された海賊衆は、豊臣政権や豊臣大名が存置した公儀の海関を管理する限り、存在を否定されたりはしなかった。公儀の海関を破る勢力があれば、それまでと同様に海賊衆による当該船舶の差し押さえや、人や物資の略奪すなわち賊船行為がなされた。陸海を問わず、豊臣政権は海賊も含む領主たちの交戦権を否定したのではなく、制限しただけだった。

最終的に海賊が否定されて藩の船手衆《ふなてしゅう》に組織されたのは、関ヶ原の戦いの後のことである。長州藩の場合は、三田尻《みたじり》（山口県防府市）に軍港が建設されて、そこに村上氏は拠点を移した。船手衆となった村上氏は、藩主の海路の参勤交代を任されるなど海事を任されたが、もはや昔日の自由な活動は望むべくもなかった。

4　大会戦の実像

近世成立期の大規模戦争

信長・秀吉によって天下統一が実現したが、対外戦争の失敗によって政権そのものが分裂の危機に直面した。ここでは、徳川家康がどのようにして天下再統一のための戦いを勝ち抜いたのかについて論じる。

文禄五（一五九六）年、来日した明の使節との会見直前に慶長伏見地震が発生し、伏見城の天守は倒壊した。大坂城で会見したものの交渉は決裂し、秀吉は再出兵を命じる（慶長の役）。

秀吉は、伏見城から一キロ余り離れた木幡山《こはたやま》に再建する一方で、大坂城でも三の丸を新造するなどさらに拡張を続けた。東京国立博物館所蔵の「大坂冬の陣図屏風」（模本）からは、巨大な城郭都市となった大坂の姿がうかがえる。

慶長三（一五九八）年八月、秀吉は五歳の後継者秀頼《ひでより》の行く末を案じながら、家康が伏見城で政務を執り、秀頼は前田利家を後見人として大坂城に移るよう遺言し、伏見城で死去した。家康を信頼し、統治権を預けつつ、幼い秀頼とは物理的に離しておくことで豊臣体制への干渉を予防したのだろう。自身が織田家の子息を追い落としたからこその深謀遠慮といえる。

異国の戦場では、豊臣一族をはじめとする大名以下の武士と雑兵として従軍させられた百姓たち数万人が亡くなり、安宅船以下の軍船や様々な兵器、そして莫大な兵粮など、失ったものはあまりにも大きかった。天下人の死に端を発する朝鮮半島からの撤退事業には、ただちに強力な指導者を必要とした。大老家康の台頭が始まるのである。

朝鮮撤兵の完了後、秀頼は慶長四年一月に遺言通り大坂城に下るが、春に大老前田利家が死去し、石田三成《いしだみつなり》と加藤清正《きよまさ》らの対立が激化するなど、秀吉の構想は早くもきしみ始める。外征の失敗と天下人の死により、豊臣政権は分裂を余儀なくされた。

慶長四年九月に家康が大坂城を訪問し、秀頼に挨拶した後、大坂城の西の丸に居座り、そのまま天守まで造り始めてしまう。秀頼を推戴しつつ、事実上の天下人として君臨しようとしたのだ。伏見からは諸大名の屋敷も移り、かつて信長や秀吉が政権都市にすることを構想した大坂は、一躍政局の中心に躍り出た。

慶長五年七月に、三成らと結んだ長束正家《なつかまさいえ》ら三人が諸大名に送った家康に対する一三ヶ条の弾劾文には、この西の丸居座りと天守の建築もあげられた。その約二ヶ月後、関ヶ原の戦いが勃発する。

天下分け目の戦いといえば、普通は関ヶ原の戦いをさす。近年、その実態をめぐって根本的な見直しをめざす見解も提出されている。有名な小山《おやま》評定をはじめ、九月十五日の大会戦の実像など、議論が活発化しているのである。

表２－４　近世成立期の大規模戦争

戦争	期間（本戦）	首将	主戦場	主な局地戦場
①	天正 10•6	羽柴秀吉 明智光秀	山城山崎	摂津、淡路、近江
②	天正 10•冬～ 天正 11•4	羽柴秀吉 柴田勝家	近江賤ヶ岳	伊勢、美濃、越前
③	天正 12•3～ 天正 12•11	羽柴秀吉 織田信雄	尾張小牧・ 長久手	伊勢、美濃、和泉、加賀
④	慶長 5•6～ 慶長 5•9	徳川家康 石田三成	美濃関ヶ原	出羽、陸奥、加賀、信濃、丹後、丹波、山城、近江、伊勢、伊予、筑後、豊前、豊後、薩摩
⑤	慶長 19•11～ 慶長 20•5	徳川家康 豊臣秀頼	摂津	河内、和泉

ここで着目するのは、関ヶ原の戦いの系譜についてである。まずは、この時期の代表的な大規模戦争として、①山崎の戦い②賤ヶ岳《しずがたけ》の戦い③小牧・長久手の戦い④関ヶ原の戦い⑤大坂の陣を位置づけ、データを掲げたい（表２－４）。

本能寺の変の直後から、信長の後継者争いが始まった。①②③はその一連の戦いと位置づけることができる。ただし①②は、織田家内部の後継者争いだった。③の小牧・長久手の戦いは、家康や長宗我部氏など外様大大名を巻き込んだところに特徴があった。これを制したのが秀吉だった。ただしその結果、ただちに織田―羽柴《はしば》の秩序が逆転したのではない。

秀吉は、あくまでも主家を奉じる姿勢を演じつつ、弟秀長《ひでなが》に工作させて天正十三（一五八五）年二月に信雄を上洛するようにしむけ、自発的に臣下の礼を取りに来たかのように振る舞わせたのである。あからさまな下剋上を秀吉は嫌い、茶番劇を演じたのだ。
④⑤は、秀吉の後継者争いである。④は政権が分裂したため、誰が主導権をとるのかを決定する戦いだった。⑤については、後述するように豊臣秀頼が大坂城を退城して国替に応じていれば発生しなかった可能性もある。

西国の関ヶ原

関ヶ原の戦いの特質を検討したい。天下分け目の戦いに共通する特徴は第四章（一六五頁）でもふれるが、ここでは、直接関係のない大名・国人領主も、どちらかの陣営に属するよう強制されたことと、主戦（大会戦）ばかりか全国規模で局地戦がおこなわれ、長期に及んだことに注目したい。

表2－4をみても明らかなように、慶長五年の関ヶ原の戦いは最初の天下分け目の戦いに位置づけられる天正十二年の小牧・長久手の戦い（第四章）よりも大規模で、全国の大名を巻き込んで東西の陣営に分裂することになったばかりか、局地戦については長期にわたっており、現在もその全体像が判明しているわけではない。

主戦場では、秀吉の後継体制が争われた。大老としての家康と、失脚したもののかつて奉行として政権中枢にあった石田三成の戦いである。興味深いのが全国に及んだ局地戦である。

ここでは、毛利氏のケースについて検討したい。

毛利輝元は大坂城に留まり続け、ついに秀頼を押し立てて戦場に向かうことはなかった。ここに着目する必要がある。それでは、関ヶ原の戦いの時期に毛利氏はなにをしていたのだろうか。これについては、大きくは三ヶ所で一定の成果をあげ、西軍の背後を固めていたことがわかる。

第一が阿波徳島城（徳島市）の占領による阿波征圧、第二が伊勢安濃津城《あのつ》（三重県津市）攻撃、第三が伊予松前城《まさき》（愛媛県伊予郡松前町）および同国宇和郡の藤堂高虎領への攻撃、第四が九州大名の懐柔や大友義統《よしむね》復領のための援助であり、いずれも戦前の八月に抜かりなくおこなわれていた。

阿波国は淡路国とともに大坂にほど近く、大坂湾を掌握するためにも毛利氏が占領したのは戦略的に当然だろう。戦前の七月十六日付書状で阿波国主蜂須賀家政《はちすかいえまさ》が、輝元に向けて三成と大谷吉継《おおたによしつぐ》の謀反に輝元が加担しているとの噂に接して心配していることを述べ、翻意するように説得している（『毛利家文書』）。毛利氏の阿波出兵は、これに対する暴力的な回答だった。

大坂周辺を固めたうえで、富田一白《とみたかずあき》の伊勢安濃津城と加藤嘉明の伊予松前城へ軍勢を分けて派遣した。なぜ安濃津かというと、ここは古来畿内から東国に向かうときの玄関口だったからだ。東軍が敗北すれば、ここから海路、駿府や江戸に向けて軍船が出陣する予定だったのではあるまいか。毛利氏には、村上水軍が従軍していた。

松前城への出陣については、慶長三年八月に秀吉が死去するやいなや、瀬戸内から追放されていた村上武吉《たけよし》・元吉《もとよし》父子が復帰したことが前提にある。瀬戸内の制海権を奪還するためだった。当時の村上父子は、毛利氏の居城広島城に近い江場(波)島（広島市）から安芸国竹原《たけはら》へと移り、鎮海山《ちんかいさん》城（広島県竹原市）を居城としていた。

中世権威の復活戦

関ヶ原の戦いの時期の伊予国において、東軍には藤堂高虎・加藤嘉明が、西軍には安国寺《あんこくじ》恵瓊《えけい》・池田秀氏《ひでうじ》・小川祐忠《おがわすけただ》・来島康親《くるしまやすちか》が属した。毛利氏は守護河野氏の再興という大義名分を押し立てて、宍戸景世《ししどかげよ》（河野通直《みちなお》の養子とされる河野通軌《みちのり》と同一人物の可能性が指摘されている）を総大将として、加藤嘉明の留守を襲って松前城を接収しようとした。

先勢を任された村上元吉は、旧領奪還のために出陣する。嘉明の留守居佃十成《つくだかずなり》が、妻子を逃す時間が欲しいと返答したので、毛利方もそれに同意したうえで三津《みつ》（愛媛県松山市）に上陸して陣所を構えた。

かつて小早川隆景が伊予支配の新拠点として築城した湊山《みなとやま》城（松山市）周辺に駐屯した元

吉であったが、佃氏らに九月十六日に夜襲をかけられ、激戦の末、曽根景房《そねかげふさ》らの武将とともに戦死してしまった（三津刈屋口の戦い）。現在の松山市古三津《ふるみつ》周辺には、「村上大明神」など、この戦いの戦死者を祀る小祠が点在している。

翌十九日には久米の如来院（松山市）に立て籠もるが、再び佃氏らが押し寄せ、毛利軍はさらに河野氏の旧城湯築《ゆづき》城のある道後《どうご》周辺に転戦する。そこで毛利軍が反撃の様子を見せたため、加藤嘉明の留守を預かる弟忠明《ただあき》が出陣した。

この結果、宍戸氏や平岡《ひらおか》氏らに従う河野氏旧臣勢力は敗れ安芸国へと撤退することになった。残りの勢力は、呼応した河野氏旧臣平岡善兵衛ら旧勢力の籠もる荏原《えばら》城（松山市）へと向かい合流したが、関ヶ原の戦いが終了したため撤退を余儀なくされた。このように、伊予の関ヶ原の戦いは松山平野全体を戦場とした大規模なものだった。

さらに、毛利氏の調略は加藤領のみならず南予の藤堂領にも及んでいた。たとえば、（慶長五年）八月十八日付で毛利方の堅田元慶《かただもとよし》と毛利元康《もとやす》が、かつての黒瀬《くろせ》城主西園寺《さいおんじ》氏の遺臣久枝興綱《ひさえだおきつな》に宛てて「先年公広《(西園寺)》中国（毛利氏）御入魂の好《よしみ》」をもって曽根景房に協力するよう依頼している（「岡山県井原市教育委員会所蔵文書」）。

実際に、このような動きに呼応して三瀬六兵衛《みせ》を首謀者とする三瀬騒動が発生した。三瀬氏は、かつての西園寺氏幕下十八将に系譜をもち、関ヶ原の戦いでは毛利方に応じて西園寺氏の旧城黒瀬城の城下町松葉町（愛媛県西予市《せいよ》）の蔵に栖籠もり、鎮圧にあたった力石次兵衛が討死するなど、留守居の藤堂軍を苦しめた。

伊予国の関ヶ原の戦いは、毛利氏と関係の深かった河野氏と村上水軍の復活をめざした戦いと、九州の対岸ともいえる南予の争奪戦だった。前者は、守護河野氏復帰による中世への復古を求める動きでもあった。後者では、毛利氏は九州で豊後大友氏を復活させるべく援助していた。

かつて豊後国を領有していた大友義統は、秀吉によって度々の戦場における臆病を理由に、文禄二年五月に改易されていたが、秀吉の死をもって自由の身となった。大坂にいた義統は、関ヶ原の戦い直前に海路瀬戸内を航行し、周防国に立ち寄って毛利氏の援助を受け、豊後国に上陸し復帰戦を開始した。しかし、義統は石垣原《いしがきばる》（大分県別府市）において戦巧者の黒田《くろだ》孝高《よしたか》の前に敗退した。

以上からは、毛利氏は西軍の背後を手堅く固めていたことが判明する。特に伊勢湾、大坂湾、西瀬戸内をゾーンとして掌握したことは重要である。三成と連携した強力な布陣である。戦勝後は、西国で突出した大大名になり、家康の立場を引き継ぐことをねらったとみられる。

それが、どうしてもろくも敗北したのだろうか。

その最大の理由は、毛利輝元が有力一族吉川広家《ひろいえ》を十分に制御できていなかったことに尽きる。関ヶ原合戦の前日にあたる九月十四日、なんと広家は独断で使者を家康のもとに送り、毛利家の安泰の確約を得た。南宮山《なんぐうさん》（岐阜県不破郡垂井町）に宿営した広家は、毛利軍の首将毛利秀元《ひでもと》の軍隊を遮って出陣させなかった。それに加えて、小早川隆景の養子秀秋《ひであき》が寝返って東軍方として大谷吉継らを襲ったため、西軍は総崩れとなったのだ。

かねてより、毛利家中においては隆景―安国寺恵瓊ラインと広家とが激しく対立していた。慶長二年に隆景が没した後、広家の度重なる勝手な動きには、輝元さえ手を焼いていた。皮肉にも、それが天下分け目の戦いの帰趨《きすう》を決したのである。

このように、毛利氏が戦国大名的な本質から脱皮し切れず、当主権の確立が完全でなかったことが敗因であった。それに加えて、毛利氏が採用した河野氏や大友氏など旧族大名の擁立による中世権威の復活策は、地域社会においてもはや受け入れられなかったことを物語っている。

政権交代

家康は、慶長五年九月十五日の関ヶ原合戦に勝利した。家康はそこから周到に政権掌握に向かう。慎重に主家織田家をしのいでいった豊臣秀吉の天下取りを、当初は敵対者、後に重臣として、つぶさに眺めてきたからこその行動だった。

豊臣家大老として大坂城で関ヶ原の戦後処理を終えた家康は、京都南郊の伏見城に移る。秀吉晩年の居城だった伏見城は関ヶ原の戦いの前哨戦で焼失した後、家康が居城として突貫工事によって再建していた。

慶長八年に家康は征夷大将軍に任官し、以降は豊臣家に臣下の礼を取らなくなる。さらに慶長十年に息子秀忠に将軍職を譲ったことで、秀吉の息子秀頼への政権返還という大坂方の期待がついえ、徳川の天下が既成事実となった。

大御所となった家康は慶長十一年に実権を握ったまま伏見城を離れ、翌年駿府《すんぷ》城（静岡市）に居を移す。畿内を離れることで秀頼の後見人と大老の立場を辞し、豊臣家との関係を清算するのが目的の一つだった。この時期から徳川一門や側近大名を名古屋から瀬戸内に至る要地に配し、大規模な大坂包囲網を築いていく。

そして慶長十六年三月、家康は後陽成《ごようぜい》天皇の譲位に合わせて上洛し、京都の二条城で秀頼と会見することに成功する。足利義輝や義昭が居城とし、織田信長も一時居館を置いた二条という武家の聖地に家康が再建した城郭に、豊臣家当主を訪問させたことの政治的意義は大きい。秀頼の家康への臣従が天下に明示されたのである。

そして翌月、後水尾《ごみずのお》天皇の即位の日に、上洛していた大名に徳川氏の支配を正当化する三ヶ条の条書を示し誓約させる。天正十六年の後陽成天皇の聚楽第《じゅらくだい》への行幸の際に秀吉が供《ぐ》奉《ぶ》した大名たちに三ヶ条を誓約させたことをなぞることで、天下人の交代を印象付けたのだろう。在京していない各地の大名も後に誓詞を提出した。秀頼は名を連ねなかったものの、徳川氏の全国支配の画期となる。

ただ筆者は、家康はもともと大坂さえ手に入れたならば、豊臣家を存続させる可能性も考えていたとみる。朝廷との折衝など二条城を京都支配の拠点として整備した家康は、大坂を政権都市とする大坂幕府構想をもっていた。

西国が基盤の豊臣恩顧大名を監視するためにも、流通を掌握するためにも大坂が天下を統治する本拠にふさわしく、関東で政権を運営することなどありえない、というのが本音だったのだろう。事実、家康は将軍就任以降、江戸の整備を進めつつも、主に伏見と駿府に滞在していた。

しかし二条城会見の時点で七十歳近い家康には、秀頼が時勢を解し、国替を受け入れるのを待つだけの時間的余裕はなかった。豊臣恩顧大名に加え、改易で主家を失った牢人、禁教の強化に苦しむキリシタン勢力など騒乱の火種はくすぶっており、豊臣家は彼らの旗印となりうる。家康は徳川政権の盤石化のための総仕上げとして殲滅《せんめつ》を選んだのだろう。

慶長十九年、完成したばかりの京都・方広寺の鐘の銘文に言い掛かりをつけ、家康は大坂の陣を仕掛けていく。大坂方の奮戦もあり、いったんは講和となるが（大坂冬の陣）、翌年再び戦端は開かれ、秀頼と母淀殿は自害し、大坂城は落城する（大坂夏の陣）。豊臣氏の滅亡を見届けた家康は、翌年の元和二（一六一六）年に死去した。

第三章　統一戦争を実現した「織田検地」

1　陣立書・軍法・軍役

京都馬揃の意義

第二章では、鉄炮をはじめとした火器がいかに戦場を変貌させたかに着目し、野戦、攻城戦から海戦まで、さらには家康による天下再統一までを概観した。続く第三章では、再び信長の時代に戻り、彼が強制した「織田検地」に始まる「革命」というべき変化をみることにしよう。

なぜ信長か、そして検地（多様な形態があり、指出も含んでの総称）かというと、織田検地によって巨大な軍役の賦課すなわち軍事動員を可能とする兵站システムが構築され、統一戦争が進捗したからである。いわば戦場を支えたインフラについて論じる章となる。
まずは、織田検地の影響が戦場に現れたものとして、陣立（陣の配置）や軍法から話を始めよう。

鉄炮の浸透に伴う陣立の変化については、既に川中島合戦図屏風と長篠合戦図屏風の比較から指摘した。前面に長槍隊の横隊を配置するありかたから、馬防柵などを普請して鉄炮隊を配置する方向へと変化した。これに関連して、備《そなえ》（軍勢のユニット）にもとづく陣立の成立についてふれたい。

そもそも戦国大名の軍隊には、小戦国大名といってよい郡規模から数郡規模の自立性の高い重臣の軍隊が含まれていたから、必ずしも大将のもと整然とした陣立がおこなわれていたのではなかった。したがって、厳しい軍法が浸透し、軍勢による民衆に対する乱暴行為が禁止されていたわけでもなかった。

ここで注目したいのが、天正九（一五八一）年におこなわれた信長の軍事パレード「馬《うま》揃《ぞろえ》」である。京都（二月と三月）と安土（八月）で合計三回もおこなっており、二月のそれには例外もあるが（たとえば鳥取攻撃を控えた羽柴秀吉・秀長を除く）、基本的に全領規模で家臣団が信長からの動員を受け、それに従っている。

初回の京都馬揃は、天正九年二月二十八日におこなわれた。たとえば、二番として岸和田《きしわだ》城代蜂屋頼隆《はちやよりたか》のもと和泉衆が馬場に入場しているが、あらかじめ同国内の主だった領主、すなわち「和泉にてハ、寺田又右衛門尉・松浦安大夫・沼間任世・同孫、そのほか直参の者共」（「板原家文書」京都学・歴彩館所蔵）が、信長から招集されている。

『信長公記』によれば、表3－1のように織田軍の主要メンバーで編成されており、明らかに信長を中心とする新たな大規模で華麗な陣立を、広く天下に示す意図があったことがうかがえる。なお、何騎としか書かれていない武将にも、当然のことながら相応の家臣団が伴われていたであろう。

ちょうどこの時期には、織田家の全領規模で検地を通じて大名・国人領主の石高で表示された領知高と領地が決定されつつあり（後述）、それに応じた軍役が強制され、動員されたとみられる。

正親町《おおぎまち》天皇臨席の一大イベントとして全領規模で大名・国人領主に馬揃を挙行することによって、石高にもとづく軍役を果たす近世軍隊への変化を促進したのである。中世においては、戦争の際にしか軍隊は成立しなかった。この馬揃においては、戦時でないにもかかわらず、天下人の命令で大軍が編成されたのであり、画期的なことだった。突如、信長の常備軍の中核部隊が洛中に姿を現したのである。

あわせて重要なのは、日本を訪問していたイエズス会巡察使ヴァリニャーノを招待してい

表3－1　京都馬揃の陣立（天正9年2月）

名称	軍団長	陣立
一番	丹羽長秀	摂津衆、若狭衆、革島一宣
二番	蜂屋頼隆	河内衆、和泉衆、根来寺大ヶ塚、佐野衆
三番	明智光秀	大和衆、上山城衆
四番	村井貞成	根来衆、上山城衆
一門衆	織田信忠	騎馬80騎、美濃衆、尾張衆
同	織田信雄	騎馬30騎、伊勢衆
同	織田信包	騎馬10騎
同	織田信孝	騎馬10騎
同	織田信澄	騎馬10騎
同	—	織田長益、同長利、同勘七郎、同信照、同信氏、同周防、同孫十郎
公家衆	—	近衛前久、正親町季秀、烏丸光宣、日野輝資、高倉永孝
幕府衆	—	細川昭元、細川藤賢、伊勢貞景、一色満信、小笠原長時
馬廻衆	—	15騎
小姓衆	—	15騎
越前衆	柴田勝家	柴田勝豊、柴田三左衛門尉、不破光治、前田利家、金森長親、原政茂
弓衆	—	100人、平井久右衛門と中野一安が引率

（『信長公記』より作成）

たことである。天皇も臨席する軍事パレードを自ら主催した信長であるが、彼はヴァリニャーノから贈られた濃紅色のビロードに金の装飾を施した椅子に腰掛けて閲兵した（『フロイス日本史』）。諸国から二十万人近い群衆が集まったといわれる絢爛《けんらん》豪華な軍事パレードを、ヨーロッパへの帰途に就く直前の巡察使に見せておきたかったのだろう。

信長の関心は、国内的には巨大な常備軍の創設を天皇以下に広く示し、国外的にはローマ教皇グレゴリウス一三世への、「自らを事実上の頂点とする軍事国家日本あり」とのメッセージの発信にあったとみる。

安土馬揃は、天正九年八月一日に挙行されたが、全領国規模で一国単位の大名・国人領主に対する指出《さしだし》（検地の一方法、年貢高の自己申告）とそれに関係する知行地の決定作業が進められていた当時、織田領内の領主層は安土に参向していた。後述するように、この頃、多くの国で領主層に対する城割《しろわり》（城館の破却）が強制され、指出によって領地が決定され、所替《ところがえ》が進められていたとみている。

このように、信長が短期間に三回も馬揃を強制したのは、ちょうど諸国で指出がなされている折のことで、大名や国人領主を京都や安土に来させることで、知行割をはじめとする業務を速やかに完了するとともに、早速それに応じた軍役を果たさせたとみることができる。

つまり、天正八年以降強制された織田検地と天正九年の馬揃には、緊密な関係があるものと判断する。

三鬼清一郎《みきせいいちろう》氏は、天正十二年の小牧・長久手の戦いを画期として陣立書が成立することを指摘した。陣立書とは、秀吉が決定した陣形に大名クラスの家臣名とその軍勢を書き付けた指令書であり、戦局の推移に応じて作成・発給された。そこには、配陣図に大名ごとの動員すべき軍役高が明示されている。この原理的な前提として、信長の馬揃が想定されるのである。

天正十二年陣立書

図3-1は、前田家所蔵の天正十二年小牧・長久手陣立書であり、これまで最古の陣立書とされてきた。方位的には天地が逆になっているが、南方に二十町離れた小牧山の敵陣に向かって、犬山城に結集した秀吉側の軍勢の陣立が記されている。北方の地が味方側で南方の天が敵側という配置である。

左手の「東の備」は森武蔵《むさし》守長可を先陣とし、池田紀伊守元助（紀州）・三左衛門尉輝政の兄弟が続き、父の池田勝入恒興がその後方に控えている。この四人のうち輝政を除いた三人は、四月九日の長久手の戦いで戦死した。

この陣立書の左半分すなわち「東の備」に該当する部分を独立させた陣立書が、慶應義塾

図3－1　前田家の小牧・長久手陣立書（前田利同氏所蔵文書より作成）

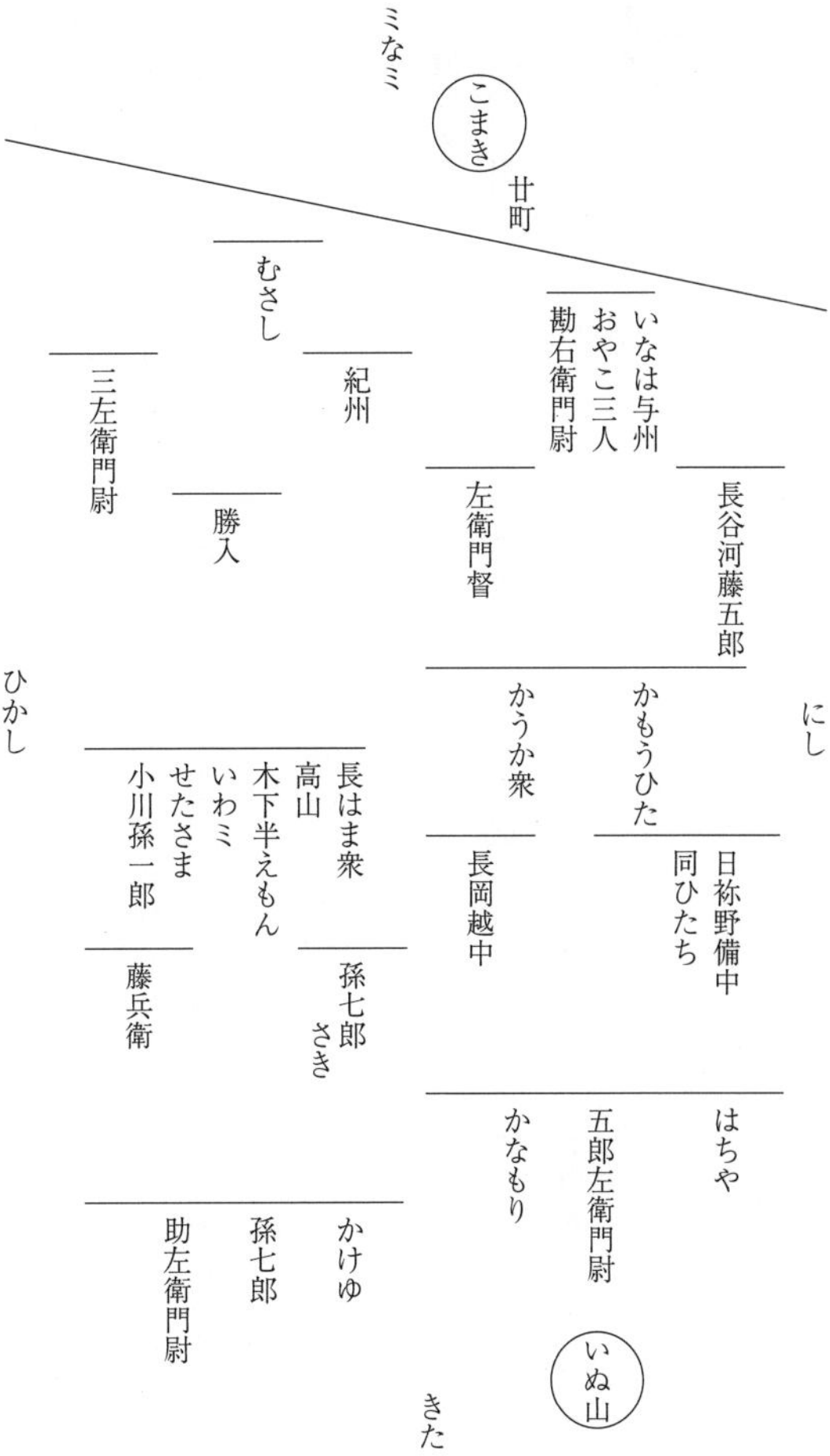

大学所蔵文書のなかにみられる。配列順序はまったく同一であり、たとえば「森武蔵　参千」「池紀　弐千」「池勝入　弐千」というように、軍勢が記入されている。この後に作成される秀吉の陣立書の定型というべきスタイルとなっている。

これ以降、豊臣政権は戦争に臨んで陣立書を発給するようになる。たとえば、天正十五年の九州攻撃、同十八年の北条氏攻撃、同二十年からの朝鮮出兵にも、種々の陣立書が作成されている。三鬼氏は、文書として残ってはいないが、朝鮮に出兵したほとんどの大名も家臣団の配陣を記した陣立書を作成していた可能性があることを指摘している。

陣立書の成立

次の史料（「一柳文書」）は、秀吉の養子羽柴秀勝（信長五男）の陣容すなわち備である長浜衆を構成する武将たちの軍勢を秀吉が記したもので、三月十七日に伊藤牛介以下千五百人の長浜衆に出陣するように命じたものである。

人数そなへ（備）
なかはま（長浜）衆
いとう（伊藤）牛介　　弐百人

谷　兵介　　　　　　　　　　三百人
石川小七郎　　　　　　　　　百五十人
藤懸三蔵　　　　　　　　　　五十人
田中小十郎　　　　　　　　　五十人
　此ほか御次(羽柴秀勝)そは衆
　　合千五百人
　(天正十年)三月十七日　　　秀吉（花押）

本史料は、従来は天正十二年の小牧・長久手の戦いの関係史料とみられてきた。図3－1の池田恒興一族の北側に配置された備の右端に「長はま衆」とあり、慶應義塾大学所蔵文書所収の陣立書に「長はま衆　千三百」と記入されていることによる。

しかしこの史料は、天正十年三月に秀吉が養子の羽柴秀勝の備前常山城《つねやま》（岡山県玉野市）攻めの際に作成したものである可能性が高い。備前常山城については、『信長公記』の天正十年三月十七日条に、秀勝の初陣として備前国児島《こじま》の敵城を攻撃したとの報告が秀吉からあったことが記されているが、これに符合するからだ。

ほかにも、同日付の秀吉が発給した関連史料（引用史料も含めて「一柳家文書」）が三点ある。

いずれも同一の戦いの折に作成された秀吉陣立書である。

一点目は、原本が最近発見された個人蔵の陣立書で、「はまて《（浜手）》の衆」を表題とし、「か《（加）》藤作内二百八十人」以下「くろ《（黒）》田甚吉」まで合計千五百三十人の備が記されている。「あわち《（淡路）》衆　二百人」と記され、天正九年十一月に平定されたばかりの淡路に軍勢動員をかけたことも重要である。

二点目は、羽柴（小一郎）秀長に宛てた陣立書で「小一郎《こいちろう》　五千」と記されている。天正十二年の陣立書は、すべて「美濃守殿」と記されている。秀長の美濃守任官は、天正十一年五月頃とされるから、それ以前の作成ということになる。三点目は、「秀吉　三千」と書かれたものである。

『信長公記』の記述と符合し、淡路衆が動員されていること、秀長が「小一郎」段階であること、これらが矛盾なく成立するのは天正十年以外ない。したがって引用史料も含めて四点すべてが、天正十年三月の秀勝初陣関係史料に比定されるのである。

以上から、天正十年までに信長配下の宿老層の軍隊においても、戦争にあたって千人単位の備を単位とする陣立書が作成され、関係者に宛てて発せられていたものと推測される。これまでも、天正十一年の賤ヶ岳の戦いに関連する陣立書写（『大洲秘録《おおずひろく》』など）があった。しかし、小牧・長久手の戦いの折に作成された絵図に近い陣立書と比較して様式が簡略であることから疑問視されていた。

この発見によって、ここに引用した名前と軍勢動員数のみを記す簡略なタイプの陣立書が、小牧・長久手の戦いの折に作成された「陣立図」（図3－1）というべき様式に先行して存在したことが判明する。そうすると、この頃おこなわれていた織田検地と同時期に陣立書が成立していたことになる。

このことから少なくとも秀吉軍においては、石高にもとづいて軍役が設定され、陣立書が作成された可能性がある。ちなみに当時秀吉から「五千六百石」を預けられた浅野長吉《ながよし》には、先述の一点目の新発見史料では「あさ野弥兵衛　五百人」と命じられている。

そして、軍隊の基礎単位として「備」が成立していたことが確認できたことも重要である。初陣で総大将クラスの羽柴秀勝の場合、その備は千五百人規模だった。羽柴秀長は五千人、総大将の秀吉が三千人、浜手の衆が千五百三十人で、総勢が一万千三十人ということになる。

少なくとも、秀吉が天正十年の備前常山城《つねやま》（岡山県玉野市）攻めに一万人を超える規模の軍勢を動員していたことがわかる。なお、この動員数については、毛利方の武将玉木吉保が「身自鏡《みのかがみ》」の天正九年六月十八日条に、鳥取城攻めの秀吉の軍勢が「一万余騎」と実見したことを記しており、数が合致する。当時の信長の宿老の軍事動員規模を推測することができる。

軍法の成立

続いて軍法であるが、明智光秀のそれに注目したい。軍法とは、「軍令を犯す者を処断する法」とされ、一般的には軍中における喧嘩《けんか》・口論・放火・遊興・押売・抜け駆け・逃亡・内通などを禁じている。軍法は、古代の律令にも規定がみられ、中世とりわけ戦国・織豊時代に多く立法され、そののち江戸幕府や諸藩でも制定された。

織田政権の軍法における画期性は、所領石高にもとづく軍役規定が盛り込まれていることにある。それが明確化するのは、大和・近江・播磨・丹後・和泉などの畿内近国諸国で一斉に指出を執行した天正八年以降である。

光秀も、他の宿老層と同様に領国丹波において「仕置」すなわち城割と検地を執行していた。それに関わって天正九年六月二日付で有名な全十八条に及ぶ家中軍法を作成した。次に、その冒頭の軍法部分と、後半の軍役部分のみを抜粋する。

なお、本史料を懐疑的にみる研究者もいるが、複数発見されていること（御霊《ごりょう》神社所蔵、尊経閣《そんけいかく》文庫所蔵）、丹波国で執行された一国検地に関係するものであること、先述したように秀吉が陣立書を作成していたことなど、他の宿老層の動きと重なることなどからも、筆者は偽文書とは判断しない。

定　条々

一、武者備場において、役者のほか諸卒高声ならびに雑談停止の事、付けたり懸り口の手賦《くば》り鯨波《げいは》以下、下知に応ずべき事、

（中略）

一、軍役人数百石に六人多少これに准ずべき事、

一、百石より百五拾石の内、甲《かぶと》一羽《はね》・馬一疋・指物一本・鑓一本事、

抜粋した軍法部分では、戦場において兵士が大声・雑談することを禁じている。付則として、鯨波（鬨《とき》の声）を命じたならば、それに従うべきことを命じている。普段は静かにすること、戦闘にあたっては鬨の声をあげるように命じられているということは、それまでの戦争においては、これらが守られていなかったことを意味する。

そのほかの注目される軍法としては、鉄炮・槍・指物・幟・甲立て雑兵に至るまで、配置場所については法度のごとく守ること（第三条）。武者押し（武士が隊列を組んで前進すること）の時、騎馬衆が遅れてしまうことは、不測の時に役に立たない、大変自覚が足りないことはいうまでもない。その場合は、即座に領地を没収し、場合によっては成敗を加えること

（第四条）。

そして旗本・先手と段々に備の配置を定めているので、敵味方足軽同士の一戦があったとしても、全軍が大将の下知に従うべきだ。たとえ比類のない活躍をしたとしても、軍法に従わない場合は、身分や能力にかかわらず処分すること（第五条）、などである。

以上からは、合戦に際して軍装や備の配置を守ること、戦列に遅れないようにすること、勝手な行動を禁止することなど、大将の命令に従い一体的に行動する軍隊をめざしていることは明白である。

戦国時代の戦争においては、参陣した武士団の自立性が高く、そのために大将の下知にさえ従わない者がいたことがわかる。城割や検地によって彼らが在地性を失ったことによって、厳しい秩序を強制することで統一的な軍事行動がおこないえたのであった。

軍役部分は、十ヶ条にわたって石高百石から千石までの軍役の賦課基準が記されている。ちなみに、所属する家中は異なるが、秀吉配下の浅野長吉の知行高五千六百石の場合に適応してみよう。計算すると「甲二十八羽・馬二十八疋・指物五十六本・鑓五十六本・のほり十一本・鉄炮二十八挺」の総勢二百七人となる。おそらくこれに雑兵が加わり先述した合計五百人となるのであろう。かなりアバウトではあるが、これが秀吉や光秀ら宿老層の家臣団に対する軍役賦課のイメージである。

丹波国においても、検地の前に抵抗拠点となる国人領主や土豪の城郭を対象とした城割がおこなわれた。それを拒否した者には軍勢が向けられ、合戦となった。それが山家《やまが》（京都府綾部市《あやべ》）の和久氏のケースである。その合戦の模様は、「本城惣右衛門覚書《ほんじょうそうえもん》」に詳しい。天正九年に惣右衛門は、赤井忠家のもと山家城に攻めかかって首級をあげている。光秀は、城割に応じない勢力に対して厳しく対処したのである。

事例的にはこのケースのみのため、秀吉領とは異なって、光秀領では一国城割が「組織的、面的な政策には至っていなかった」とみる向きもある。しかし、波多野氏や赤井氏などが天正四年から同七年にわたって光秀と激しく戦闘したため、相当数の丹波国内の城郭が落城していたことも考慮するべきではあるまいか。

天正八年以降の織田領では、城割の執行を前提とし、検地執行、軍役賦課、軍法と陣立書の遵守は一体の関係にあった。所替の強制（和泉国や丹後国で確認される）によって対象となった国人領主たちは本領を失い、主君となった国主大名の命令に服さねばならなくなったのである。

それに加えて、それまでの戦争の常識だった抜け駆けをはじめとする勝手な行動は、軍法を通じて厳禁され、陣立書で示した配陣通りの戦闘が要求された。以上から、これらの方針が示された天正八年はまさしく近世軍隊の誕生期であったといえよう。

2　石高制検地

天正八年、信長の革命

信長は、清須に始まり小牧山から岐阜さらに安土へと地域流通の結節点に本城を移転させ、市場の平和を保障して地域経済の発展と都市への資本集中に努めた。

同時に、平和税や手数料の性格をもつ、御判銭《ごはんせん》・取次銭《とりつぎせん》・筆耕銭《ひっこうせん》などの町や村そして寺社からの献上銭の徴収にも意を用いた。獲得した莫大な銭貨を軍事費として、すなわち鉄炮と火薬や鉛などの購入や、鉄炮隊・長槍隊の維持・拡大のために使用した。

先述したように、鉄炮や長槍の組織的な使用については、足軽を城郭近くの長屋に住まわせて、日々調練せねば役に立たなかった。当時の鉄炮はライフルを施していないため個体差がつきもので、それを貸し与えて常に射撃の訓練をさせなければ、標的には当たらなかった。

戦国期後半に鉄炮隊が成長すると、先陣の主軸を形成するようになった。鉄炮隊が中央に横隊を形成し、その両端や後方に長槍隊や弓隊が控えるようになったのである。しかも、足軽については千人規模で養う必要があったから、彼らの生活を保障するには莫大な資金が必要だった。

信長は、占領地から検地を開始した。それが、柴田勝家による越前をはじめとする北国を対象とした検地だった。やがて、それは畿内近国を中心とする全領国規模に及ぶ。それによって、信長はもとより宿老層以下においても財政基盤が拡大し安定したから、資金を軍事に投入することができたのである。

信長の天下統一事業にあっては、天正八（一五八〇）年が一つの画期となった。勅命講和を成功させ、大坂本願寺を紀伊国雑賀に退かせて以降、畿内近国において敵対勢力がいなくなったからである。自らの権威を、「天下」を預かる統治者すなわち天下人として上昇させつつ、朝廷とも良好な関係を維持しながら、諸国の大名同士の国郡境目相論に介入し、停戦令を強制するようになった。

その一方で、信長は自らに服属した地域に対して、一国単位で仕置を強制した。仕置、すなわち城割によって抵抗拠点を破却し、検地（指出）によって大名・国人領主の領知高を確定しつつ所替を強制しながら、領地と不可分だった中世的な領主権を否定していったのである。

戦国時代までの地域支配は、中央では荘園領主、地方では大名や国人領主らによって担われていた。荘園領主が支配する名田と、大名・国人が支配する領地は、重複することがあった。また、荘民・領民といっても同様に重複関係にある場合が少なくない。つまり百姓は、荘園領主にも、また大名や国人にも支配されるのが普通だった。

ところが、信長は荘園領主である公家や寺社、そして大名・国人に対する検地をおこない、彼らの複雑な知行権を収公して国土領有権として一つのものにし（「一職《いっしき》」化）、重なりを解消しようとしたのだ。そのうえで、大名以下にはその実力に応じて、石高に表示して領地・領民・城郭をまとめて預けたのである。

小著では、これを「領知権」と表現して、中世的な田畑支配のみに限定された知行権と峻別《しゅんべつ》する。領知権は、石高で表示されるが、それには本年貢以下の近世年貢を賦課する権限と、信長に果たす軍役高が同時に含まれていた。このように、信長以降の天下人たちによって全国的に進められた検地は、日本の制度史上、大変大きな意義があった。

海外由来の新技術である鉄炮を駆使・活用して、国家や地域社会のニーズにもとづき、組織の枠組み、さらには思想や文化を変革し、競争上の優位に立つことに信長は成功した。あたかもそれは、戦国時代の負のスパイラルを吹き飛ばす「革命」的なインパクトをもつものだった。

貫高から石高へ

先述のように信長は莫大な資本を必要とする鉄炮戦を遂行すべく、銭貨を基準とする貫高ではなく、田一反あたりの玄米収納量を基準とする石高による検地を採用した。銭の価値の不安定性よりも米の価値基準としての安定性を尊重したのだった。石高を用いて、領主に対しては軍役の、百姓に対しては年貢の徴収をおこなったのである。なぜこのような選択をしたのであろうか。

近年、太閤検地の成果として知られていたことが、実は信長検地の段階でかなり達成されていたことが判明している。一国単位で執行された検地の結果、以前に較べて強力に軍役を賦課し、あわせて徴税対象地を把握することができた。

それまでは、田畑については銭貨による貫高表示も少なくなかったのであるが、中世由来の様々な年貢（年貢・公事《くじ》・段銭など）が度重なる検地によって一本化に向かっただけでなく、年貢高が石高を介して数値化され、帳簿に記載されるようになったこととの意義は大きい。

石高制の採用は、領知概念創出のほかにも重要な意義をもつ。これは一六世紀中期における通貨状況、すなわち永楽通宝や洪武銭《こうぶせん》などの中国銭（明銭）から銭不足を補うために造られた国産の低品位の無紋銭まで、様々な銭貨が無秩序に流通していたことに対応して、国内市場において使用価値と交換価値という点で汎用性・安定性の高い米が、貨幣として代用されていたことと密接に関係している。

価値尺度として米を使う社会慣行を背景に、信長は米を貨幣として使用することを禁止する代わりに、石高制を採用したのである。銭の場合は、撰銭令などで時々に規制せねばならなかったが、信長が米を量る枡《ます》を京枡へと統一したことで尺度が安定したので、石高で検地をすることに決定した。これによって、戦国大名による銭立ての貫高制検地の不安定性を克服したのだ。

なお、従来は秀吉が多様な中世枡を統一したとみられてきたが、京都を中心に使用されていた「判枡」を信長が公定枡とし、秀吉がそれを京枡として公認したのだった。信長の領域内という限定はあったが、枡の統一は石高制導入の前提だった。ユーラシア通貨秩序の辺境にあった中世日本を、信長が石高制によって自立させる道筋を示したのだ。

そのうえで、大名に預けられた領知権を表示した石高を、軍役の賦課単位としてリンクさせたことが重要である。これによって、合戦に際して計画的・組織的な軍事動員が可能になった。

機動的な軍隊を創出したことも、石高制を導入した信長検地の意義であったが、なんといっても戦地において兵粮米として大量に使用され、いざとなれば貨幣としても用いることができたことが、銭貨には追随できない最大の採用理由だったと考える。米を収納することの意義は、計り知れず大きかったのである。

表3－2　織田検地の基本構造

種類	内容
領主指出	当知行分の指出提出→安土に伺候→朱印状で新たに知行を預け置かれ、筆耕銭などを支払う→本領収公→知行残分や敵方所領は信長が差配
寺社指出	指出（各荘園・領地別の「作帳」「一紙目録」→「指出本帳」「指出一紙目録」の順で作成）提出→信長から朱印状で預け置かれ（替地のケースあり）、筆耕銭などの支払いを経て完了
一国検地	村の境界を決める（村切）→村からの指出徴収→指出の点検→実検・丈量し村の年貢高を決定→検地奉行が村に検地打渡状を渡す→村から請文を取る

織田検地と指出

ここでは、天正八年から本格的に開始され、翌年の馬揃の頃に指出に関わる諸業務が大詰めを迎えていた織田検地の実態について、従来の研究もふまえてまとめることにしよう。検地にこだわるのは、これを通じて軍役の賦課基準が決定されたからである。そしてなによりも、信長麾下の諸領主の知行高をはじめて石高で確定したことが大きい。

織田検地は、領主・寺社と村を対象とする二種類があり、同時に進行していた（表3－2）。

第一は、信長が一国単位で命じた領主や寺社に対する指出である。領主指出は、前提たる城割とセットで短期間に進められた。これに対して寺社指出は、興福寺《こうふくじ》をはじめとする寺社が力をもった大和《やまと》指出を参照して表3－2に示した。

領主指出や寺社指出においては、領主・寺社が自領の指出をおこない、そのデータを記した帳簿を提出するのであるが、信長はそれを介して一国の中世的領主権を収公することに眼目を置いていた。たとえ本領が安堵されたようにみえるケースがあったとしても、あらためて信長から預けられたことに歴史的な意義がある。もはや、該当領主が私有の対象とする領地ではなくなったのである。

たとえば、大和国では本城である筒井城（奈良県大和郡山市）を城割した筒井順慶が、郡山城（大和郡山市）を信長から上使を通じて預けられ、大和一国を領知するように朱印状を渡され、同城に入城していることが象徴的である。

第二は、村々を対象とした一国検地である。これについては、天正五年の柴田勝家による越前惣国検地に関する木越隆三《きごしりゅうぞう》氏の研究にもとづいて示した。ここで注目したいのは、この検地が村落側と対立しながら強行したものではなく、村の申告たる百姓指出と村請《むらうけ》（村の責任で年貢以下の業務をおこなうこと）の力を利用して短期間で実現したことである。統一基準で面積を掌握し、統一斗代《とだい》（田一反あたりの収納量、太閤検地と同じ一石五斗が多かった）を村落に認めさせた点が大きかった。

織田政権の一国検地は、全領規模で実施されていたが、本能寺の変までにすべてが完了したとは考えられない。北国などの侵略地においては一国規模で強行することができたが、畿内諸国では大和国や和泉国のように、服属大名・国人衆や寺社からの指出提出と知行高決定、替地《かえち》に関する業務で手一杯だった。

また、遠隔地の寺社については、高野山や紀伊国新宮の堀内氏善《ほりうちうじよし》（書状の宛所に「熊野新宮神主」と記す）のように、天正八年段階では戦略的にひとまず本領安堵する措置もある。繰り返し強調したいのは、信長が一国単位で領主層に知行地の指出を強制したのは、城郭と同様にひとまず政権が収公して、あらためて預けることに意味があったからだ。本領安堵のようにみえるケースも正確にはそうではなく、延長線上に所替、さらには国替があったのである。

高野山については、亡くなった佐久間信盛《さくまのぶもり》の遺品と荒木村重の残党をめぐる対立が原因となって、天正九年からは合戦へと展開することになる。信長が生きていれば、やがて遠国においても、領主や寺社に対する締め付けがおこなわれ、指出の対象となったであろうと予想される。

領知高と領地の分離

動員軍勢すなわち軍役の基準となった石高は、検地によって決定された。この関係について説明するために、新たな知行宛行《あてがい》方式の成立についてふれたい。天正九年三月になって、秀吉は家臣団に次のような領知宛行状と領知目録（両史料とも『浅野家文書』）を与えるようになった。

・浅野長吉宛秀吉領知宛行状

知行方の儀、去年申し付け候分四千六百石、今度加増として千石、都合五千六百石、所付目録を相副え、扶助せしめ候、全く知行すべく候、恐々謹言、

天正九

三月十八日　　秀吉（花押）

浅野弥兵衛（長吉）殿

・浅野長吉宛秀吉領知目録

目録　（播磨国）揖東郡

一、千三百七拾六石四斗　香山上下

一、千弐百五拾五石　網干

小宅庄

一、五百九拾壱石壱斗　堂本村

（中略）

一、七百廿七石四斗　松山
一、六百壱石九斗　阿曽村
一、百六石三斗　松尾村
一、参百石　佐々村
合五千六百石
天正九
三月十八日　秀吉（花押）
浅野弥兵衛尉殿

これらは、前年六月における播磨平定に引き続きおこなわれた一国検地と関係がある。国人領主以下の領主指出が作成され、その後に村切《むらぎり》（村の領域を確定すること）・丈量《じょうりょう》（村のなかの田畑・屋敷地を簡易測量すること）によって村高が決定したのを受けて、天正九年三月十八日付で一斉に秀吉の家臣団に対して、領知宛行状と領知目録のセット発給を開始したとみられる。同日付で黒田孝高にもセット発給されているからである（『黒田家文書』）。

ちなみに史料に登場する小宅荘（庄は俗字）堂本村の近世の村高は、上・下堂本村の合計が六百二十五石余である（「旧高旧領取調帳」）。したがって村名の上部に記されている石高は、村の土地の公定生産高を示すのと同時に、年貢・諸役の賦課基準としての村高と判断される。

このような理解に立てば、天正九年三月十八日までに播磨国揖東郡《いっとう》においては、近世的な村高が決定されつつあったことになる。当初、信長検地は石高制を採用しつつも、検地によって年貢高のみの掌握をおこなっていたが、この時期になって村高が成立した。これによって、様々な課役が可能になった意義は大きい。

それに加えて、両史料からはそれまで一紙に書かれていた領知高と具体的な領地が、別紙に分離されたことがわかる。領地と不可分の関係にあった中世的な領主権は、この段階で否定されたのである。つまりこのような江戸時代につながるセット発給の思想は、領主層の在地性を否定することを意味していた。それに加えて、以後は個別支配のありかたとは関係なく、秀吉は家臣団に対して領知高に応じた軍役を要求するようになるのである。

3　巨大兵站システム

不合理な中世の終焉

鉄炮の伝来については、先述したように、ポルトガル人のみならず王直に代表される国際的な武器商人などが幅広く関与した結果、短期間に全国規模で普及したこと、組織的な大量使用が信長による天下統一を加速化させたことがわかってきた。

鉄炮導入による軍事革命は、石高制にもとづく新たな軍隊を創出し、日本において国家の集権化の推進剤として機能した。つまり、従来の人馬による戦闘では殺戮能力・破壊規模は限定されていたが、鉄炮戦はその配備の規模と戦略によって確実に勝利できたばかりか、短期間における地域統合をも可能にしたからである。

検地によって誕生した軍隊は、領知権を天下人が諸大名に預け置くことを前提としている。在地性を剝奪された大名軍隊は、天下人の命令に服さねば存在しえない。常に人盗り・物盗りといった略奪を伴う戦国大名の軍隊ではなく、戦闘のみに集中する近世軍隊へと変質していったのだ。

信長は、領知高に応じた軍役を賦課し、万単位に膨張した軍隊に対して、厳しい軍法を適用した。先述したように天正九年六月二日制定の明智光秀家中軍法では、行軍の際の隊列の乱れを防止し、陣地での私語・雑談を禁止している。

読者諸賢には、鉄炮というハイテク兵器が戦争を変え、さらに検地の導入によって新たな軍隊を生み出し、それが天下統一という歴史の流れを決定づけたことに気づかれたであろう。

引き換えに廃止されていったのが、関銭《せきせん》による移動の安全の保障や、制札銭《せいさつせん》による領域的な平和を銭で買うという、不合理きわまりない中世社会の常識だった。

奥野高廣《おくのたかひろ》氏は、「天正十年の三・四月に信濃・甲斐両国、ことに甲斐国に発給された信長・信忠の禁制は、恐らく数百通にも達したであろう」と指摘した(『増訂 織田信長文書の研究』下巻)。信長は、甲斐武田氏攻撃に際して禁制の奥に朱印を据えているが、その右横にはほとんどすべて「御判銭・取次銭・筆耕銭これを出すべからず」などと、これらの拠出の一切禁止を注記している。

戦国大名は、一定範囲の商圏に限って独占的な生産・販売を保障することで特権商人を育成する、関銭などの通行税を徴収する、果ては軍隊の駐留を免れるための制札銭すなわち「平和税」を、町や村そして寺社に対して強制することに共通点があった。

信長も、天正九年までは御判銭・取次銭・筆耕銭などを徴収していた。「東国御一統」(「坂田文書」)を実現した天正十年の段階になって、「クローズからオープンに」、まさに現在、世界規模で進行中のオープンイノベーションと同様に、開放政策を採用したのである。これによって、公儀権力としての威信はより高まったとみられる。

このようにみれば、天下統一戦が開始されるきっかけとして、鉄炮の導入に伴う合理的な思考の浸透があったことは明白である。まさに大航海時代の到来と相まって、地域の枠組みを超えるやわらかな思考が必要とされたのであり、その流れは信長が開始した石高制検地に到達した。石高制検地の実施が、人々の価値観を短期間で変えたばかりか、これがもつ合理性が新たな国づくりの思想を育てていくことになったのである。

軍事を支えた巨大蔵入地

尾張・美濃・伊勢の三ヶ国を中心とする環伊勢海政権時代（初期織田政権期）の信長の収入には、平和保障のため地域社会から徴収した判銭をはじめとする献上銭が、大きな部分を占めていたと推測される。天正八年以降の指出に際しても、様々な手数料として筆耕銭を要求していた。

ところが、天正十年の武田氏攻撃段階から、禁制に記されているように判銭などが一切禁止されたとするならば、その時点を信長政権の財政基盤の盤石化の画期とみることもできるであろう。それは直轄領である蔵入地《くらいりち》の存在が鍵を握っている。この時期における一門や家臣団に対する大量の兵粮や火薬・鉄炮玉の支給の背景にも、信長蔵入地の形成が密接に関係していたと考えられる。

ここで注目したいのが、信長が明智光秀と細川藤孝に担当させた丹後検地である。同国の守護一色《いっしき》氏が強硬に抗戦したので、信長は結局、一色氏の支配を認める方針を光秀に伝えた。関係史料（『細川家文書』）を次に掲げる。

一色《満信》知行今度出来分、前後引合弐万石の通り、検地の員数をもって引き渡し候、残る所、長岡兵部大輔《細川藤孝》にこれを遣すべく候也、

天正九

九月七日　　　　　信長（花押）

惟任日向守《明智光秀》殿

「一色知行今度出来分《しゅったい》」すなわち一色氏が提出した指出を参考に検討した信長が、同氏の知行高を二万石と決定し、一国検地のデータをもとに別の場所で新たに二万石の領地を引き渡すようにと光秀に指示した。実際の指出にもとづく旧来の一色領はそれ以上あり、「残る所」とは、それから二万石分を除いた残りの知行高をさすのであり、それに相当する領地を、光秀を通じて寄力大名藤孝に渡すように命じたのである。

以上をふまえて、織田検地の概念図を示したい（図3-2。Aが一色氏、Bが細川氏に相当）。一色氏の二万石（Yに相当）のように、敵対の後に許され服属した大名・国人領主たちに対して、信長は指出高（Xに相当）を参考に知行高を決定したうえで（石高に斗以下がないのが特徴）、所替させて預けるのが基本姿勢だった。

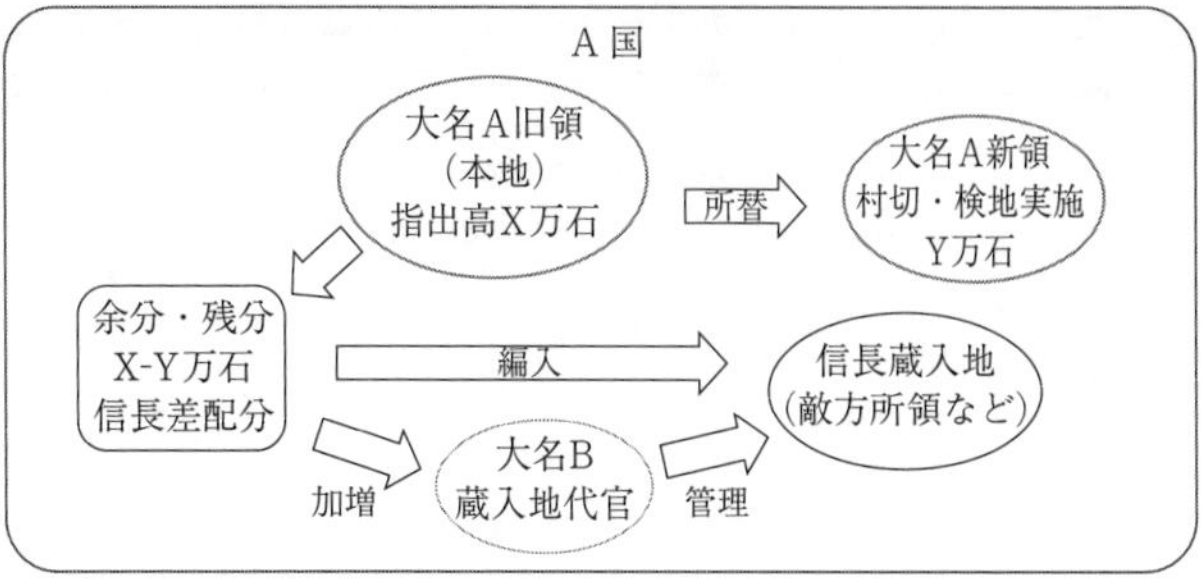

図3－2　織田検地の実態概念図

一色氏の場合は、信長から奥丹後の中郡・竹野《たけの》郡・熊野《くまの》郡を預けられ、それまでの建部山《たけべやま》城（京都府舞鶴《まいづる》市）から弓木《ゆみのき》城（京都府与謝野《よさの》郡与謝野町）に移ったという。服属大名の減封と居城移転は、後の秀吉の天下統一戦における国分（領土交渉）の際の原則となった。

信長に属するようになった大名・国人領主への領知宛行については朱印状で命じられたが、領知高については指出高を参考に査定し決定したものだった。

一般的に、戦国大名は直轄領として蔵入地を管理し、年貢・公事などを徴収していた。それに加えて領国内に段銭・棟別銭を賦課したり、鉱山や山野河海の支配もおこなっていた。

武田・今川・北条などの戦国大名も検地をおこない、永楽銭《えいらくせん》による貫高制を採用して増収を図り、軍役制度も強化していた。ちなみに北条氏の場合は、田は一段あたり五百文、畠は百六十五文で、これから控除分が引かれるのが普通だった。また、境目の要地の城郭には城番を置くなどの軍事的対応も抜かりなかった。それにもかかわらず、多くの大名は戦費調達に汲々としていた。

これに対して、信長は一国検地を通じて収公した敵方所領は基本的に蔵入地とし、一部を当該国の領主に恩賞などとして預け、管理は直臣大名に代官として任せたとみられる。信長蔵入地については、これまでもほとんど実態が明らかにされていないが、天正八年以降に信長領の諸国における一国検地を通じて、本格的に確定されていったと推測する。それによって巨大な蔵入地が誕生したため、判銭などの献上銭を禁止しても、なんの問題もなかったのではあるまいか。

本能寺の変がなければ、信長は大規模に大名の国替を強制し本格的に「鉢植《はちうえ》大名（鉢植えの木のように国替を命じられる大名）」化する予定だったと考えられる。その結果、畿内近国の広大な領地には信長が一門・近習を取り立て、最前線には宿老クラスの有力大名が国替され、諸国に蔵入地が配置されることになっていたと推測する。これは、後に秀吉が断行した天正十三年閏八月の全領規模の国替と同質だった（一五九頁参照）。

このように、天正八年以降、織田検地は本格化した。本能寺の変がなければ、諸国における検地の完成を受けて村高が成立し、それにもとづき大名・国人衆に対する軍役の賦課と普請役などへの大規模動員をおこない、必要に応じて彼らを国替する体制が成立したと予想される。

信長検地に始まる石高制度の導入は、定量的な軍役負担制度の創出を第一とし、所替・国替がもたらす士農分離にもとづく強力な軍団を編成することを可能にした。信長検地は太閤検地の歴史的前提として評価されるのである。

預治思想と兵站システム

戦国時代末期の畿内近国において、荘園制はなんとか余命を保っていたが、名主・百姓の中間得分（加地子《かじし》）や耕作権はもとより、本所や領家がもつ荘園領主権すら年貢徴収権として分割・売買されていた（「中家文書」）。すなわち、諸権限の物件化と私有財産化が、進行・浸透していたのである。

信長そして秀吉は、戦争をあおり大規模に戦禍を広げながら中世を破壊していった。戦国大名たちから中世的な領主権や地主権を収公するために、彼らは占領地において検地を推し進めていったのである。

彼らのねらいは、片々の領地を収公して国土領有権として統合し、麾下の大名に対して、その実力や期待値から判断した領知権を石高という数値で表示して預け置くことにあった。大名が預けられた「〇万石」という知行高には、単なる領地のみならず、そこで暮らす領民および支配拠点となる城郭・城下町なども含まれていたことこそが重要なのである。

異なる概念にあるものを一括することで、まったく新たな統治システムが創出されたのである。信長版DXとでもよぶべきであろうか。領知の対象をまとめて石高として数値化して表現したところが革命的だった。しかも、それらは天下人から大名が預かったものであり、中世のような私有の対象ではなかった。したがって大名の国替があっても、百姓は移動しなかった。「天下の百姓」の誕生である。

鉄炮の導入は、地域統合の速度を速め大大名の出現につながった。ただし、戦国大名が天下統一をめざすことはなかった。上洛した信長が、大規模な鉄炮隊を組織して長篠の戦いに勝利し、将軍相当者として室町幕府にかわる政権を構築しようとしたことが端緒だった。天正八年以降は、畿内近国規模で仕置を強制し、一国単位の城割と検地が進捗し、あらためて国主大名以下に領知権を預けることで天下統一が射程に入ったのである。

仕置の進捗とともに、天下人から領知権を預けられた大名が領民を統治するという体制が誕生し、浸透していった。信長は、支配の正統性を示すため、自らの神格化を通じて独自の権威の構築をめざした。それは、「天」から「天下」の領知権を預かったことを論拠とする「預治《よち》（国）思想」で、正二位《しょうにい》右大臣に就任するなど天皇権威を利用しつつも、その相対化へと傾きつつあった。

預治思想のもと、検地は織田領の諸国に拡大し、巨大な常備軍が形成されていった。光秀などの宿老クラスの重臣や菅屋長頼《すがやながより》などの近習たちも、総出で検地に関わる業務を担当した。指出を提出して領知高と替地を決定するには、安土に行き信長や担当奉行（替地衆）の承認が必要だった。

また戦争の規模が拡大したため、兵站を確保するための兵粮の支給・貸与とその搬送体制、行軍のための街道の拡幅や船橋の確保など、様々な業務が発生した。たとえば、天正十年の四国攻撃に際して、首将の神戸信孝は五月二十五日に安土の信長に挨拶に行き、そこで「上下人夫・馬」に加えて「八月迄《まで》の兵粮」を与えられている。

これは、はじめて遠征軍の首将になった「はなむけ」（神宮文庫所蔵〔天正十年〕五月二十一日付慈円院《じえんいん》正以書状）の意味もあるが、特例ではなかったようだ。この時期、兵員を渡海させるために、水軍和泉真鍋氏に対しても、兵粮を「来る八月まで千人分」と火薬が千斤と鉄炮玉用の鉛が五千斤も支給されている。

一斤は約六〇〇グラムであるから、莫大な量といわねばならない。ここに、織田政権における兵粮と火薬・玉の支給体制の誕生を指摘したい。当然これは、検地による巨大な織田蔵入地の確保がその背景にあったと考えられる。

史料上は目立たないが、この段階で官僚的な家臣の比重が高まってきたことも確実である。

大規模な検地にもとづく巨大な常備軍の創出の背景には、事務能力の高い官僚集団の存在があった。軍事と統治を担当する武官と文官の性格を合わせもつ官僚として、特に天下人の側近（近習）の役割が高まり、その後の秀吉政権においては、対外戦争まで可能な巨大軍隊を組織することになった。

自己神格化

萌芽《ほうが》的ではあるが、信長の預治思想を示すのは、天正三年九月に柴田勝家に与えた越前国掟である。

その一節には、「大国を預けたのだから、万事について留意し、油断があってはならない」と主張し、最後に「ひたすら信長を崇敬し、当方から見えないところだといって気を抜き、軽々しく思ってはならない。信長のいる方角には足も向けないよう心得ることが必要である。そのように心がけていれば、武士としての加護も末長いであろう。よくよく留意せよ」（『信長公記』）と結んでいる。

これは、信長が勝家に大国である越前を預けたことに対して、信長を絶対者のように敬うべきことを強制している。これが、信長と年長の宿老との関係である。あまりにも尊大な絶対君主像を読み取ることができよう。信長の民衆に対する絶対君主としての登場は、天正九年六月のことだった。

フロイスによると、信長は自らを神体とする摠見寺《そうけんじ》を天正九年六月に建立し、参詣者にはその功徳によって富裕・子孫・長寿などに恵まれると断言し、「予が誕生日（五月十二日）を聖日とし、当寺へ参詣することを命ずる」と呼びかけ、その結果「諸国、遠方から同所に集合した人々は甚大で、とうてい信じられぬばかりであった」（『フロイス日本史』）という。

この神格化に関しては、事実か否かこれまでにも論争がある。しかし先述した毛利氏家臣玉木吉保が伊勢神宮から熊野三山そして高野山を参拝した順礼旅行の折、わざわざ京都から安土に立ち寄り「信長の城を見物」（「身自鏡」）したのも、天正九年六月のことだったから、あながち否定できないと考える。

もしも信長の功徳に接するために、敵対中の毛利氏の家臣までが安土に参拝したとしたら驚くべきことだ。信長の改革思想である預治思想は、彼自身の神格化による軍事国家建設を正当化する思想的背景となったのである。

4　仕置令の系譜

仕置のはじまり

筆者は、これまで天正八（一五八〇）年の大坂本願寺との講和（勅命講和）を画期として、信長が一国単位で強制した仕置に注目してきた。仕置には、城割と検地が一体の施策として含まれている。

後に、秀吉が国分の後に一国単位で強制した「御置目《おんおきめ》」「国置目」などと表現される仕置令の重要性は、これまでも指摘されているが、その前提といえる。つまり、秀吉による天下統一事業の掉尾《ちょうび》に位置する奥羽仕置の際の仕置令については検討が重ねられてきたが、信長による天正八年のものを仕置の本格的な始期として位置づけられるのではないか。

豊臣仕置令の実態は、信長の一連の位置（織田仕置）と同じく城割（郡内に数ヶ所の城郭に集約）と検地（太閤検地）の執行を中心的な施策として、服属大名以下に対する人質徴発（領主のレベルに応じて、夫人などが京都・伏見・大坂あるいは国主大名のもとに集められた）や百姓以下に対する刀狩令が加わることになった。

このように、信長が始め秀吉が継承した統一策の根幹に仕置を想定することができるので

表3－3　織田仕置の実態

国名	城割	検地	配置大名	備考
越中	○	?	佐々成政	天正9年、菅屋長頼を「御奉行」として一国城割を命じる
能登	○	○	前田利家	天正9年、菅屋長頼を「御奉行」として一国城割を命じる。天正10年、利家検地を開始する
加賀	?	○	柴田勝家・佐久間盛政	天正9年7月北加賀検地を勝家、同年9月南加賀検地を盛政が担当
越前	?	○	柴田勝家	天正5年に惣国検地実施。なお朝倉氏段階で城割を志向していた
若狭	?	○	丹羽長秀	天正9年から検地が開始される
近江	?	○	明智光秀等	天正8年蘆浦観音寺（蔵入地）や天正9年安治村（蔵入地）で確認される
伊勢	○	?	北畠信雄等	滝川一益による検地に関する伝承あり
伊賀	○	?	北畠信雄	信長、天正9年9月の伊賀攻めにおいて一国城割を命じる。戦後、信雄が四郡の内三郡を、織田信包が一郡を得る
大和	○	○	筒井順慶	天正8年8月、信長が一国城割令。同年10月、検地終了。上使明智光秀・滝川一益、今井寺内町の「土居構」を崩す
山城	?	○	明智光秀等	天正8年仁和寺で確認される（滝川一益・明智光秀に提出）。光秀、上山城衆を支配する
摂津	○	○	池田恒興	天正8年8月、信長が一国城割令、検地に高山重友関与
河内	○	?	三好康長	天正8年8月、信長が一国城割令。天正3年にも塙直政が一国城割執行。三好康長が高屋城を拠点とする
和泉	○	○	織田信張・蜂屋頼隆	信長、検地に伴う国人領主の知行替実施、上使堀秀政。岸和田城に織田信張と蜂屋頼隆が城代として配置
播磨	○	○	羽柴秀吉	天正8年4月、秀吉が一国城割。信長が羽柴秀吉の居城を播磨姫路城に指定。天正8年検地帳伝存
丹波	○	○	明智光秀	天正8年に城割令。光秀、天正9年に城割に従わなかった国人領主と一族を処分。軍法を制定
丹後	○	○	細川藤孝	天正8年8月、信長が細川藤孝の居城丹後宮津城を指定
但馬	?	○	羽柴秀長	天正8年検地帳伝存

ある。そこで、現時点で判明している織田仕置に関連するデータをまとめると、表3－3のようになる。

信長は仕置を通じて、家臣団に本領を安堵したり新恩を給与したりする伝統的な主従制のありかたを否定しようとした。城割や検地は、管見の限りではあるが畿内を中心とする十七ヶ国、すなわち当時の信長領国の大部分で、両方もしくは片方の執行が確認されている。これらは史料の残存状況によるものであるから、おそらく信長は、原則的にセットで命じたとみてよいだろう。

なお先駆的な検地としては、柴田勝家による天正五年の越前惣国検地がある。信長が、将軍相当者として従三位右近衛大将兼権大納言に任官した天正三年以来、征服地としての北国諸国については、信長が常に先進的な施策を試みている。

しかし初期織田政権を支えた尾張国と美濃国のみ、現時点において関係史料が確認されていない。嫡男信忠の領国であり本領ともいえる両国は、例外だったのだろうか。なお、弟信《のぶ》包《かね》、次男信雄、三男信孝が支配する伊勢国では、早くも永禄十二（一五六九）年に一国城割を命じている（『信長公記』）。

これに関して示唆的なのは、天正六年一月二十九日の弓衆「福田与一宿」の火事である。尾張の城館に妻子を残していたための失火であった。調査すると、単身赴任の規模は弓衆六十人・馬廻衆六十人の合計百二十人にも上るものであったことから、信長は「私宅」をすべて放火し竹木（土塁に植えていたのだろう）まで伐採させた（『信長公記』）。

城割に等しい処分であって、妻子たちは強制的に安土に移住させられたというが、この波紋は、少なくとも尾張一国規模に及んだであろう。処分に際して、信長があらかじめ信忠に断っていることから、おそらく尾張・美濃両国については、信長といえども独断で仕置を執行することはできなかったと推測される。

天正八年の八月二十一日付で細川藤孝に与えた信長の黒印状（「細川家文書」）によると、信長自身が八月十五日に大坂に下り、畿内規模の城割を執行したと語っている。これが事実だということは、先に掲げた**表3－3**からも明らかである。

また、同年には播磨国における城割と検地を受けて秀吉が家臣団に知行を預けているが、所付を示して石高に結んでいる。年貢高は、知行高の一定の比率（六ッ成り）を乗じたものになっていることから、遅くともこの時点で後の太閤検地の原則が成立していたとする安良《あら》城盛昭《きもりあき》氏による指摘がある。

収公の原則

つづいて、和泉国における信長検地について紹介しよう。『信長公記』によると、天正九年三月に信長が近習の堀秀政《ほりひでまさ》を派遣して、「和泉国中知行方改め」すなわち和泉一国を対象とした国人領主や寺社に対する指出を実施したことがわかる。同年七月までに国人衆の知行替が完了し、彼らに信長朱印状が発給された。ここでは、有力国人多賀《たが》氏関係史料をもとに指出についてふれたい。

「板原家文書」(京都学・歴彩館所蔵)からは、和泉検地が完了するまでの経緯が判明する。検地に主導的な役割を果たしたのが、綾井《あやい》城主の沼間任世である。彼が国内領主に触れて領主層から指出を提出させたのが天正九年三月のことだった。彼が国人衆から提出された指出関係書類をもって安土に伺候し、彼らの領地に関する交渉を担当したのである。

多賀氏(和泉国日根荘佐野周辺を支配)も、沼間氏から催促されて指出を提出した。この指出は国内の寺社にも命ぜられ、それを無視した松尾寺《まつおでら》や施福寺《せふくじ》(両寺とも大阪府和泉市)が焼討ちのうえ破却された。堺奉行松井友閑《まついゆうかん》と大坂城代丹羽長秀が施福寺に向かい、竹木を切り払い坊社を破却し、後々どのような者が当山に入ろうが「要害に成らざる様」に命じたことがわかる。

中世山岳寺院は、城郭としての機能をもっていたことで知られる。松尾寺や施福寺はそれぞれ要害を構えていたし、近隣では根来寺が城郭都市のような構造をもっていたことが発掘によって明らかになっている。したがって、和泉国においても検地と城割は不可分だったこ

表3－4　信長重臣の国替（年は天正）

年	大名	旧城→新城	備考
1	丹羽長秀	近江佐和山→若狭後瀬山	織豊系城郭へ改修。近江佐和山城も預かる
3	柴田勝家	近江長光寺→越前北庄	織豊系城郭として築城
8	細川藤孝	山城青龍寺→丹後宮津	明智光秀、丹後宮津築城の縄張りを打つ。近江坂本城と縄張近似
9	前田利家	越前府中→能登七尾	織豊系城郭へ改修
9	佐々成政	越前府中→越中守山	後に越中富山城に入る
9	池田恒興	尾張犬山→摂津伊丹	織豊系城郭へ改修。摂津兵庫城も築城
10	滝川一益	伊勢長島→上野厩橋	東国取次となる
10	河尻秀隆	美濃岩村→甲斐躑躅ヶ崎	織田信忠付きとなる。甲斐岩窪館居城説あり
10	森　長可	美濃兼山→信濃海津	織田信忠付きとなる

とが判明する。

天正九年七月になると、多賀氏の知行が認められ替地が決定したので、信長朱印状の筆耕銭の銀子二枚と「替地衆」（安土で替地の業務を担当した奉行か）へ十石につき鐚銭《びたせん》（以下ビタ銭）六十文の礼銭を、沼間任世が安土に行く前に綾井城で渡すように依頼されている。

和泉国の場合、指出提出の結果、該当領主の知行の預け置きが決定した場合は、必ず替地が強制され、一ヶ所に集められた。それを承認すると信長朱印状が発給されたが、あわせて筆耕銭や礼銭の支払いが求められた。その後、該当領主への本領を収公し本主権を剝奪したうえで新領への所替を執行した。

このような流れは、前出の丹後国の場合も同様だったので、信長の基本方針とみてよいだろう。その時点では例外もあるが、やがて全面的に強制され、在地領主制は否定される方向だったと考える。

天正八年以降、信長は畿内近国に対して仕置を通じて諸国を収公し、その後に国主大名以下の大名・領主に領地・領民・城郭を預けて支配させるという新国家建設に着手した。すなわち、麾下の大名を命令一つで自由に国替させる鉢植大名にしようとしたのである。表3－4に、信長時代の国替に関するデータをまとめた。

たとえば、前田利家は越前から能登への国替に際して、信長から近習菅谷長頼が上使として越前に派遣され、府中の利家の「要害 幷《ならびに》 下々私宅共」を異議なく渡すように、その年の年貢の差配のありかたや、妻子を必ず能登に移住させることまで指示されている。長頼は、あわせて信長から「御奉行」として能登・越中の一国城割を命じられている。

利家は、天正十年から翌年まで検地を実施した。その手順は、村や田畑の境界を決める村切→村からの指出徴収→指出の点検→実検・丈量というもので、この織田検地は北陸地域のみの特殊事例ではないことが指摘されている。

国替の後、大名家臣団は主君から知行地を預けられるようになった。彼らも、主君の国替に従わねば、武士たりえなくなったのである。この大構造改革を支えた思想が、先述のように信長に始まる預治思想である。後述するように、秀吉は信長の方針を継承している。

以上をふまえて注目したいのは、信長と光秀ら宿老との関係である。これについては、宿老の自立性・先進性（近世化）を評価し、信長がそれに追いついていなかったため、つまり中世権力にとどまったため、十分にコントロールできなかったことに政権崩壊の原因を求める見解がある。

仕置に着目すると、国主大名が主導したケースと宿老や信長近習が上使として現地に派遣されて進めたケースがある。いずれにせよ、信長の意志をふまえたものであり、大和のように、その指示を確認しながら進めたものもある。

宿老層については、領国経営において主体性・独自性も認められるが、滝川一益のように（表3－4）国替を拒否できない立場にあった。したがって織田領国においては、信長が領知権を掌握しており、明らかに在地領主制の否定に向かっていた。

信長とビタ銭

先に安土で替地衆に支払う手数料として、ビタ銭が登場した。ビタ銭とは悪銭そのものをさすから、なぜ信長の奉行にそれを支払うのか読者諸賢にはわかりにくいだろう。ここで、信長の通貨政策についてふれておきたい。

義昭を伴い上洛を果たし室町幕府を再興した信長は、翌永禄十二（一五六九）年三月に通貨政策を京都をはじめ畿内に広く発した（「四天王寺文書」「京都上京文書」など）。

そのなかで、①金一両＝銭千五百文、銀一両＝銭二百文とする。②ころ（不明）・せんとく（宣徳）・やけ（焼）銭・下々の古銭は基準銭の二分の一、ゑみやう（恵明）・おおかけ（大欠）・われ（割）・すり（摩）は基準銭の五分の一、うちひらめ（打平）・なんきん（南京）は基準銭の十分の一と規定した。そして通貨としての米の使用を禁止した。

この重要性は、まず①として三貨の交換率を決定したことにある。生糸・火薬・緞子《どんす》・茶碗といった高価な商品の取引に限定しているが、江戸幕府の三貨制度につながるものである。②は悪銭すなわちビタ銭の交換基準を決めたもので、撰銭規定といってよい。注目されてきたのは、打平すなわち無文銭の流通を認めたことである。戦国大名でこれを認めている者はいなかった。それほどに、畿内では銭が不足していたのだ。

このような状況が大きく変化したのが、天正八年だった。同年と推定されている但馬攻撃の際に、信長方の軍隊が支払う宿泊費を一人ビタ銭五文と定めているのである。このように、信長の軍隊は軍事行動に際して莫大な銭貨を必要としていた。高木久史《たかぎひさし》氏は、ビタ銭を基準銭に使用する社会慣行を政策的に採用したと信長の方針を評価する。

これについては、信長権力が強制した側面もあるのではないか。大軍団を展開するには相当の軍費が必要であり、銭不足だった当時、ビタ銭の使用を強制せざるをえなかったと解釈するのが自然だろう。したがって、検地に際して信長奉行衆への手数料としてビタ銭を指定している意味は大きい。

信長は、入京当初は撰銭の前提となる銭の階層的な使用を認めていた。しかし、銭の不足や畿内の社会慣行を見据えつつ、最終的にはビタ銭を基準銭として使用することを決定したのであった。この方向性は江戸幕府に継承され、寛永通宝《かんえいつうほう》とビタ銭の併存期を経て、四代将軍の徳川家綱《いえつな》政権において寛永通宝のみとなり、三貨制度が成立する。高木氏が評価するように、信長は「通貨については近世を先取りしていた」といえる。

このような銭貨政策をふまえると、銭よりは使用価値が均質な米を選んで石高制を導入したことの意義が明瞭となる。先述したように、京枡に統一した石高制は国替をおこなう近世的な領知制度にもっとも適合的だったのである。全国どこでも一万石は一万石の領地として算定され、軍役の内容も原則的に均一だった。

北条氏・今川氏・武田氏などの戦国大名による貫高制検地だと、基準銭が寛永通宝のみになるまでに時間を要していることに鑑みても、とてもこうはいかなかっただろう。ユーラシア通貨秩序の辺境に位置した日本が三貨制度の完成によって自立するには、江戸開幕から約一世紀が経過していたのである。

豊臣政権による継承・発展

信長段階の検地は、全領規模で進捗していた。天正十年六月二日の本能寺の変で、その動きが全面的に止まってしまったかというと、そうではなかった。先述したように北国の前田氏をはじめ、そのまま執行していった大名の事例も報告されている。ここでは、秀吉の動きをみてみることにしよう。

天正十年六月の山崎の戦い直後の論功行賞は、柴田・丹羽・羽柴・池田の四宿老がおこなったので、秀吉の国分は、天正十一年四月の賤ヶ岳の戦い直後に執行された第一次北国国分が嚆矢《こうし》となった。功のあった前田利家や丹羽長秀らに加増したのであるが、彼らに判物を発給したものではなかった。これは、まだ織田家の一部将・羽柴氏段階の国分であって、天下人としてのそれではない。

天正十二年には小牧・長久手の戦いが勃発し、その結果、秀吉は織田家家督の信雄や徳川家康との国分をおこない、羽柴領の東境を確定した。引き続き天正十三年には、矢継ぎ早に西国における国分を執行した。

秀吉は、西境を決する中国・四国国分を敢行し、その直後に北境を決する第二次北国国分を執行した。また南方の敵対勢力、和泉・紀伊の一揆を制圧したことも重要であった。このようにして、かつての信長領を凌駕する羽柴領が姿を現したのであるが、すぐさま近世的な知行原理の成立をめざした大規模国替を断行する。

北国からの帰路、秀吉は天正十三閏八月十七日に近江坂本城（滋賀県大津市）で開陣し、同月二十四日に上洛するまでの短期間に、当城において畿内近国を中心とする全所領規模（十七ヶ国に及ぶ）の国替プランをまとめ、諸大名に強制した。その概略は、下記の通りである。

摂津に直臣団を配し、河内は直轄領とし、播磨の過半は近習に、和泉・紀伊・大和には弟秀長（大和豊臣家）、近江に養子の秀次《ひでつぐ》（近江豊臣家）、丹波に養子の秀勝（丹波豊臣家）という一門大名を配置した。これを中核として、周辺に直臣大名、外縁部に服属大名という同心円編成としている。

この段階から、加賀国大聖寺《だいしょうじ》の溝口秀勝《みぞぐちひでかつ》ら服属大名に対して領知判物と領知目録で領知を預けるようになったことも重要である。織田検地を前提に加賀国では検地が継続されていたから、それを反映するものである。豊臣政権においても、戦争→国分→仕置（城割・検地）という順で、天下統一事業が進められていった。

この大規模国替によって、織田旧臣でそれまで本領を安堵され与力的な関係にあった大名でさえ本領を失った。あわせて国替に関わる百姓の移動も禁止している。これによって、中世在地領主制が否定されるとともに豊臣領の境界画定が完成した。

これに関連して、天正十四年一月十九日付で広く諸大名に布達された十一条に及ぶ秀吉朱印状（「近江水口加藤子爵家文書」など）は重要である。奉公人統制・年貢率・京枡の導入・衣服規制など実に多岐にわたる基本法令であるが、近世公儀法度の原点として位置づけられるべきものである。ここに、畿内を中心とする集権国家が誕生したのだった。

以後、九州→関東→奥羽と続く天下統一戦の進捗に合わせて、太閤検地が強制されていった。奥羽再仕置を完了し天下統一が実現した天正十九年、秀吉は全大名から郡絵図《ぐんえず》と御前《ごぜん》帳《ちょう》（郷帳。全国の検地帳のこと）の調進を命じ、後陽成天皇に献呈した。

これは、天下統一戦を経て日本六十余州における中世領主権を武家関白が実力で収公し、国土領有権として天皇ひいては天（宇宙の創造主たる天帝で北極星にシンボライズされる）に返還したことを象徴的に示す儀式だった。以後、天から天皇を介して国土領有権を秀吉が預かり、豊臣大名に対しては領国ごとに領知権を、領知宛行状と領知目録をもって預けたのだった。

ただし、御前帳には机上計算して間に合わせたものが含まれることが明らかにされている。記されている石高については、この段階では正確な領地の村高の合計（実高）ではなく、翌年から開始される朝鮮出兵の軍役賦課基準（表高）として機能した。この段階の検地は、軍役徴収が第一の目標だったとみられる。この後、江戸時代に入っても諸藩で検地が繰り返されるのは、実高掌握のためだった。

黄金に飾られた文明国家

秀吉が主張した天下統一の正統性（スローガン）は、天皇を中心とする古代国家を再建することであった（「天正記」）、その実現のために、天皇を補佐する関白秀吉が政権運営をおこなわねばならなかったのである。天下統一によって国家的土地所有制度を再建することで、土地をめぐる抗争はなくなると主張し、実行に移したのだ。もちろん、実態的には預治思想にもとづく強力な軍事国家を構築することが本質だった。

中国周代の理想的な王朝制度を記した儒教の古典『周礼《しゅらい》』においては、首都の位置は「天」が地上の中心点として指定した場所であり、天命によって諸侯に君臨する天子の居住地であるとされる。たとえば唐の首都長安城では、宮城（大極殿を中心とする大内裏）の真南に軸を伸ばしてメインストリートにし、そのラインに皇城（官衙）と三つの門（三門）を配置するプランを採用しているが、これは平城京や平安京に影響を与えている。

天正十四年二月から、関白秀吉は平安京大内裏跡の内野に贅を尽くした関白邸・聚楽第の建設を開始する。さらに北条氏攻撃をひかえた天正十七年九月に、秀吉は導入した武家官位制度を楯に、公家化した諸大名に対して夫人とともに在京することを命令した。

秀吉は、天正十九年閏一月に大規模な町屋の移転を命じ、聚楽第から禁裏にかけての土地を諸大名に下賜し、金箔瓦で飾られた豪華な屋敷群を普請させた。大名屋敷を、秀吉の首都構想に沿って、一定のゾーンに集中させようとしたのだ。これは、寺町や公家町の形成とも併行して進められ、同時に洛中を囲む御土居《おどい》の普請も開始された。

秀吉は京都の大改造を断行したのであるが、朝鮮出兵の始まった天正二十年五月十八日付豊臣秀次宛秀吉朱印状（「前田家文書」）によると、聚楽第を中心に御土居の内部に営まれた政権都市を「平安城」と呼んでいる。中井均氏からは、「御土居は都市京都を囲む城壁であり、平安京が秀吉によって羅城として完成した」との指摘がある。

かつて藤原京から平城京へと遷都しながら、古代国家は中国を模倣した文明国家へと脱皮しようとした。それから、八百五十年も後の天下統一の時代にも、東アジアの都城制度を意識した、実質的に関白を中心とする巨大政権都市が構想されたのである。東アジアへの武力進出の正統性として、黄金に飾られた文明国家であることを主張しようとしたのだ。

第四章　軍事革命が日本にもたらしたもの

1　近世軍隊の誕生

天下分け目の戦いへ

近世軍隊とはなんだろうか。単純化するならば、それは戦争のみに専念する軍隊のことである。中世軍隊は、行軍や戦闘に伴って物盗りや人盗りを必ず伴うものだったし、戦争全般において統制が取れていなかった。町や村そして寺社などが巻き込まれて、略奪や放火にさらされることも戦場の常識だった。

これが、信長に始まる天下統一戦を通じて厳禁され、軍隊についても陣立書や軍法が強制されてゆくようになる。第三章においては、信長段階すなわち萌芽段階を中心にふれたが、

第四章では秀吉段階から国内戦場が閉鎖される島原・天草一揆までの段階に着目したい。天下人と諸大名の軍隊は、どのようにして近世軍隊すなわち「公儀の軍隊」へと編成されていったのであろうか。その達成と限界について検討する。

天正四（一五七六）年に義昭が備後国鞆（広島県福山市）に移座すると、信長の戦争は副将軍に任ぜられた毛利氏や大坂本願寺が指令する諸国の一向一揆との戦いへと変質していった。天正八年に正親町天皇の仲介で本願寺と勅命講和した信長は、畿内近国を統一した。

天正九年に信長は、因幡鳥取城（鳥取市）で毛利氏と雌雄を決しようとするが果たせなかった。しかし天正十年には、ついに備中高松（岡山市）で毛利氏の本隊との決戦すなわち「天下分け目の戦い」を迎えようとした。

それについて、信長は「このたび、毛利勢と間近く接したことは天恵なので、自ら出陣して、中国の歴々（戦国大名や国人領主）を討ち果たし、九州まで一気に平定すべきである」と決心したという（『信長公記』）。将軍足利義昭を推戴した副将軍毛利氏と、将軍相当者としての地位を固めていた信長の決戦がおこなわれる寸前に、将軍と連携するようになった旧幕臣明智光秀がクーデターをおこし、「天下分け目の戦い」は実現しなかったのである。

小牧・長久手の戦い

従来の研究においては、天下統一の前提としての大規模戦争、すなわち「天下分け目の戦い」を、戦争史の一段階として十分には位置づけていなかった。具体的には、秀吉が天下人としての実権を掌握した天正十二年の小牧・長久手の戦いの歴史的意義を等閑視《とうかんし》してきたことに問題があった。

いきなり、中世における戦争の総決算・最終形態として関ヶ原の戦いがおこなわれたのではない。前提となる、秀吉にとっての「天下分け目の戦い」があったのであり、それにあたる小牧・長久手の戦いが画期となって、天下統一が実現したのである。

第二章でもふれた、「天下分け目の戦い」に共通する特徴として次の四点を指摘しよう。

Ⅰ　両軍の首将がめざしたのは、天下人としての実権の掌握であったこと。
Ⅱ　直接関係のない大名・領主も、どちらかの陣営に属するよう強制されたこと。
Ⅲ　主戦（大会戦）ばかりか全国規模で局地戦がおこなわれ、長期に及んだこと。
Ⅳ　主戦終結後も支配秩序確立のために、局地戦で敵対した諸勢力に対する鎮圧戦が続行したこと。

小牧・長久手の戦いは、信長没後の最高権力者の座をめぐって争われた、織田信雄と羽柴秀吉との大規模戦争だった（Ⅰ）。織田家家督に就任した織田信雄は、賤ケ岳の戦いの後は京都支配も開始しており、信長の後継者としての地位を明確にしていた。また同時に彼は、南伊勢の公家大名北畠氏の家督でもあり、信長や北畠氏の一族や家臣団を糾合する高貴な存在であった。

秀吉は、本能寺の変の後に主君とした信雄と敵対したのではなく、あくまでも家康との戦いであることを主張しているが、この戦争の本質は天下人信長の後継者を決定するものであったことは明白である。

このように、きわめて政治性の高い戦争ではあったが、戦場周辺にあたる尾張・美濃・伊勢の大名・国人領主層の大半は、他律的に戦争に巻き込まれていったといってよい（Ⅱ）。また信雄に与同した北伊勢の一向一揆勢力の蜂起《ほうき》もあった。

参戦せねば戦後に敵方与同とみなされ、処分が予想されたことから、彼らにとって陣営の選択は相当に深刻な問題となった。たとえば池田恒興《つねおき》や森長可のように、どちらに味方してもおかしくない領主層も少なくなかったのである。

あわせて小牧・長久手の戦いでは、全期間を通じて大規模な物量戦と高度な情報戦・心理戦が展開したことにも特徴がある。この点においても、中世の戦争の最終形態というべき実態をもっていた。

確かに、四国から東国に及ぶ広範な地域の大名・国人に一揆勢力までが、それまでの合従連衡《がっしょうれんこう》や国郡境目相論に規定され、両陣営に分かれて戦ったことは重要である（Ⅲ）。たとえば四国では長宗我部氏と三好氏が、関東では北条氏と佐竹《さたけ》氏が戦闘したように、主戦場の動向を意識しながらも、従来のローカルな抗争を継続し、主戦が終結したのちも展開した。

小牧・長久手の戦いは、天下の実権を争う戦争と、地方の国郡境目相論がリンクした未曽有の大規模戦争だった。これによって、この戦争の勝者が全国の統治者すなわち天下人となることが決定づけられたのである。

この戦いは、秀吉が信雄を旧主として尊重しつつ屈伏させ、家康についてはその実力を重んじるかたちで降伏させた。秀吉は、確かに長久手の戦いでは敗北したが、圧倒的な軍事力を背景に、信雄の領国を崩壊させて勝利したのは動かし難い事実である。

関白軍の陣立

ここで注目したいのは、合戦時の軍勢配置と動員軍勢を記した陣立書が小牧・長久手の戦いにおいて成立したことである（図3-1参照）。戦国大名の段階でも、たとえば武田信玄の旗本を対象とした陣立書はあったが、軍勢全体を把握したものではなかった。これに対して信長は、検地によって石高に照応した軍役を家臣団に賦課し始めており、配下には初期的な陣立書を用いる大名もいた。

秀吉はそれを徹底すべく、本能寺の変ののち自領や服属地での検地を通じて、軍役や普請役の統一的な賦課基準を確立させた。特に畿内とその周辺では、小牧・長久手の戦いの時期に、戦争と並行して厳格な検地がおこなわれていたことが注目される。さらに陣立書とセットになって、秀吉が諸大名に発給した軍法にも注目したい。

たとえば、天正十二年九月八日付で同文の秀吉軍法が「中川家文書」「富田仙助《とみたせんすけ》氏所蔵文書」にみられ、発給された中川氏と富田氏の軍勢が配置された陣立書も、複数残存している(「秋田文書」「護国八幡宮文書」「別本前田家所蔵文書」)。このようにして、天下人が最高指揮権を掌握する新たな軍隊(公儀の軍隊)が誕生したのである。

前章において、信長の段階で宿老層が軍法を定めたこと、戦争にあたって備の規模を記した陣立書を発給したことを指摘した。秀吉の場合、小牧・長久手の戦いの段階に家臣団に対して陣立書と軍法をセットで発給した可能性がある。ここで、天下人が従来は参陣した大名以下の自力に委ねていた戦闘行為そのものに、厳しく容喙《ようかい》するようになったことの意義は大きい。

秀吉は、戦争の終局にあたる天正十二年十月に少将に任官し、御内書《ごないしょ》形式の朱印状を発給するようになった。なお御内書とは、将軍クラスの身分の者が使用する文書様式で、後に徳川将軍も用いた。天正十三年七月に、秀吉は関白に就任することで天下人の座を名実ともに確かなものとした。

この年には、秀吉は次々に前年以来の局地戦に介入して国分を執行した（Ⅳ）。豊臣国分は、必ずしもそれ以前の戦国大名間の国分（戦国期国分）に規定されるものではなく、対象とする大名への秀吉の評価や期待度が重要な位置を占めた。

たとえば同年の四国国分に際して、伊予国に本主権を有し秀吉に敵対しなかった河野氏が改易され、同国は毛利氏に宛行われている。この要因は、河野通直の当主権の弱さと毛利氏への依存度の大きさにあったとみられる。伊予守護家という伝統的権威も、関白秀吉には通用しなかったのである。

また、それに引き続く北国国分において、秀吉は織田家家督であり家康に対する「取次」と位置づけた従三位権大納言織田信雄を先陣に押し立てて、関白の軍隊として出陣したことも示唆的である。そして、天正十八年の関東国分に連動する国替命令に従わなかったため、信雄をただちに改易している。秀吉は、必要に応じて大名を徹底的に利用したのであり、役割を終えれば、かつての主君といえどもただちに切り捨てたのである。

「天下静謐」の強制

天正十三年における中国・四国・北国を対象とした一連の国分をもって、信長の最大版図を上回る豊臣領を確定する。この一連の国分は、隣接する戦国大名との境目を決定するものであったが、決して相手方大名と対等な立場でおこなわれたもの、すなわち戦国期国分ではなく、次の国分をにらんだ秀吉の戦略との関係もあって、きわめて高圧的に決定されたものだった。

北国国分直後の天正十三年閏八月に執行された大規模国替によって、原則的に全豊臣大名は本領を失い鉢植大名となったが、同時に国替に際しての百姓の移動も禁止されている。これは、ただちに豊臣大名の所領支配にも影響を与えた。

たとえば、翌天正十四年には織田信雄の領国尾張においても検地がおこなわれ、家臣団が本領からの移住を強制されている。この実務全般を取り仕切ったのが、財務・法理に通じた雑賀松庵《しょうあん》ら信雄の能吏たちであった。このようにして、豊臣大名のもとでも中世的な領主権の否定と士農分離が徹底され、日本の中枢地域に天下人を頂点とする近世国家が建設されたのである。

秀吉は、畿内近国を中心とする豊臣領を確定すると、直接境界を接しない遠国の戦国大名たちに対して、天皇の権威を背景にして停戦令を発令する。たとえば、天正十三年十月二日付で九州の島津氏と大友氏に（「島津文書」など）、天正十四年には関東・奥羽の佐竹氏・白川氏・塩谷氏（「白河結城《しらかわゆうき》家文書」など）などに、個別に停戦を強制した。この段階から、関白秀吉による「天下静謐《せいひつ》」をスローガンとした、九州や関東・奥羽の諸大名の国郡境目相論への介入が始まるのである。

九州出兵の前提として、秀吉は天正十四年四月に毛利氏の瀬戸内海における制海権の剝奪をねらって不要な城の破却、海陸の関所の停止などの要求を含む露骨な内政干渉をおこなっている。毛利氏に対しては、天下統一戦にその軍勢を動員しながら、あわせて豊臣政権への従属を促進させようとしたのである。

九州国分までは、毛利氏・長宗我部氏・島津氏など当該地域の大大名の意向がある程度尊重され、彼らの本領は守られた。一方、関東国分や奥羽仕置では北条氏をはじめとする諸大名が改易されたように、そのようにはならなかった。

その背景には、政権中枢にあった石田三成や浅野長吉らの一門・近習の人脈が、秀吉の政権運営に大きな影響力をもつようになっていたことがあげられる。彼らは、徳川家康や上杉景勝ら、敵対大名の帰属を交渉する「取次」になった大大名に比肩しうる勢力に成長していたからである。

2 「公儀の軍隊」の現実

豊臣大名の陣容

ここまでは、秀吉が天下人として近世軍制を整備してきた過程を段階的にみてきた。それでは、それを構成する豊臣大名の軍制はどうだったのだろうか。直臣の実力大名として秀吉の期待を担った、近江日野城主蒲生氏郷《がもううじさと》のケースに注目しよう。氏郷は、小牧・長久手の戦いでの美濃加賀野井城《かがのい》（岐阜県羽島市）攻めの功により加増され、天正十二年に伊勢松ヶ島《まつがしま》（三重県松阪市）へと転封する。

その直後の出来事である。蒲生家中では「軍法」として行軍の際に立ち止まることはもちろん、沓すなわちひづめを保護するための藁や皮革・和紙などでつくった馬の履物を替えてもいけないと規定され、たびたび発令されていたという。しかし寵臣だった福満《ふくみつ》次郎兵衛が、行軍中にもかかわらず馬の沓を替えたことから、軍法違反によって処刑された。

行軍や陣所さらには戦場において、大名や武者大将の下知と「横目」すなわち軍奉行の監視のもと、軍勢が整然と行動することが求められたのだった。これは家臣団の大名に対する自立性が高く、戦闘者個人の技量が評価された戦国時代の軍隊とは、段階を異にするものである。

秀吉は、天正十八年の奥羽仕置の後に陸奥黒川城《くろかわ》（後の会津若松城《あいづわかまつ》）を氏郷に預ける。その直後に発生した葛西・大崎一揆から翌年の九戸《くのへ》一揆にかけての一連の仕置反対一揆鎮圧の恩賞として、氏郷は伊達政宗の旧領七郡を加増され、九十二万石（文禄三〔一五九四〕年検地高、奥羽総石高の約半分）の大大名となる。

「氏郷記」や「蒲生軍記」によると、葛西・大崎一揆鎮圧時の氏郷の軍隊は、「一番先手」の蒲生源左衛門をはじめとする武者大将をリーダーとする、合計十もの備からなる軍勢で編成されたことがわかる。蒲生氏の軍法は、出陣に先立って組すなわち備単位に武者大将に対して発給された。

旧態依然の政宗軍

拙著『天下統一』でも論じたように、氏郷は、政宗に異心があることを察知し、五手組・六手組・七手組を後備として、さらに関盛吉の軍勢をその後に付けた。このような軍事編成は、後ろを行軍する政宗からの攻撃を想定したものであり、「皆後へ向テ尻足ニ歩ミ」（「氏郷記」）すなわち後ろ向きに行軍したとされている。このように氏郷の軍隊においては、非常事態に備えて備の編成を臨機応変に改変することが可能だった。

この段階において、氏郷の軍隊は予行演習をおこなっていたらしい。「常山紀談《じょうざんきだん》」には「内ならし」と表現している。そこには、「かけ引のならし五度に及び」と記すように、明日の戦争に備えて五度に及ぶ軍事訓練をおこなったのである。

これに対して政宗の軍勢は、「氏郷記」には一万五千人もの大部隊ながら一備としてしか組織できていなかったと記す。まさしく豊臣大名と戦国大名の軍隊の本質的な差違が、象徴的に記されている部分といってよい。

当時の奥羽の大名で、ここまでシステマティックな軍団を編成する者はいなかった。新規に蒲生家に仕官した者のなかには、その軍律の厳しさを知らず処断された者もあったという。

陣立書と軍法

天正十九年の九戸一揆とは、南部信直《なんぶのぶなお》（三戸《さんのへ》城主）の一族九戸政実《くのへまさざね》が決起したものである。信直は、彼の南部家相続に遺恨をもって紛争をおこした政実を、秀吉に対する反逆者として位置づけたのである。これには、葛西・大崎一揆の残党も加わっていた。

前年に発生していた和賀《わが》・稗貫《ひえぬき》一揆への対処も兼ねて、天正十九年六月に豊臣秀次と徳川家康が下向してくるが、氏郷らもそのもとで諸城を攻撃した。ここで注目したいのが、氏郷が九戸一揆への出陣に際して、次のような軍法と陣立書（図4－1、長大なため分割した）をセットで発令していることである。

法度条々

（前略）

一、（第十条）於野陳（陣）ハ、一夜陳たりといふ共、柵をふるへき事、

一、（第十一条）武者押之はやさ（速）、太鼓次第たるべし、とめたいこ（止太鼓）をよく聞き候て、田の中・川の中・橋の上たりといふ共、ふみとまるべき事、

一、（第十二条）先手いづれの備手ニ相といふとも、かちまけによらす、下知無き以前ニすけ（助）候事、曲《くせ》事《ごと》たるべきの事、

一、（第十三条）城責め合戦、足軽等ニ至る迄、下知申し付けざる以前、武篇を取結び候ハ、、かたく申し付くべき事、

（中略）

一、（第十七条）まえ（前）立物おなじごとく、そろへ（揃）らるべき事、

已上

（天正十九年）七月十三日　（氏郷花押）

蒲生源左衛門尉（郷成）殿

抜粋した部分からは、行軍や戦闘の際の軍法がよくわかる。第十一条では、行軍の開始・停止や速度が陣太鼓によってコントロールされていたことがうかがわれて興味深い。第十二条では、勝敗によらず氏郷の命令なしに他の備の援助をしてはいけないことを規定している。第十三条は、城攻めにおいて足軽を含む全戦闘員が、氏郷が命令を出す前に戦闘すること

図4－1　蒲生氏郷の陣立書（天正十九年）

氏郷様九戸江御出陣武者押之次第

一
蒲生源左衛門尉

二
蒲生忠右衛門尉

三
蒲生四郎兵衛尉

四
町野左近助

田丸中務少輔

関右兵衛尉

五手与
右
梅原弥左衛門尉
森民部丞
左
門屋助右衛門尉
寺村半左衛門尉
新国上総守

六手与
右
細井九郎右衛門尉
玉井数馬助
左
神田清右衛門尉
岩田市右衛門尉
外池孫左衛門尉
河井公左衛門尉

天正拾九年七月廿四日

七手与

右
蒲生将将監
蒲生主計助
蒲生忠兵衛
左
高木助六
中村仁右衛門
外池甚五左門
町野主水佐

寄合与
久間久右衛門尉
真田壱岐守
曽弥匠助
上山弥七郎
水野三左衛門尉
成田殿兄弟

二右
岡部玄蕃允
与
一左
松浦左兵衛尉
与

二右
鳥居四郎左衛門尉
上坂源丞
布施次郎右衛門尉
一左
建部令史
永原孫右衛門尉
松田金七
坂崎五左衛門尉
速水勝左衛門

結解十郎兵衛
岡左内
関勝蔵
河瀬与五兵衛
伊賀衆

手廻

右
蒲生左門
蒲生千世寿
左
蒲生喜内
小倉孫作
小川平左衛門尉

を禁じている。また第十七条では、兜の前立物《まえたてもの》（兜の鉢を装飾する立物の一種、鍬形《くわがた》）をそろえることが指示されている。

　これは、氏郷の軍法の集大成として評価されるものである。武装を統一し、整然と陣押し（行軍）するように指示したのである。そしてなにより、これが陣立書とセットで発給されたことが重要である。陣立書は、管見の限りで豊臣大名発給としては最古のものである。陣立の各備の構成員が、前年の葛西・大崎一揆鎮圧戦のそれとほとんど合致していることからも信憑性が高いと判断する。

天正十二年の小牧・長久手の戦い以後、秀吉は麾下大名に対して軍法と陣立書をセットで発給するようになっていた。しかし諸大名レベルにおいて、家臣団に対して軍法と陣立書をセット発給するようになるのは遅れたようだ。

氏郷のような豊臣直臣大名であっても、戦国期以来の大名クラスの「渡り奉公人」を重臣とした場合、その自立性が強固なために、彼らを均一な備として編成するのは困難だったからである。度重なる戦争によって軍法が浸透し、国替や領国検地によって軍役高を規定することで、大名当主の家臣団への統制が強化されたのであり、そのうえではじめてセットでの発給が実現したのである。

蒲生氏は、秀吉の天下統一戦に参陣し転封を繰り返しながら軍制の厳格化を進めた。それを通じて、豊臣大名の軍隊が均一な備によって形成され、戦局に応じてその編成を自在に変更することが可能になった。氏郷の国替によって、奥羽にも豊臣軍制のくさびが打ち込まれたのだった。

豊臣取立大名の事例として、氏郷と同郷近江の出身で同年齢の藤堂高虎を取り上げる。氏郷のような名門武士に出自をもたず、牢人から取り立てられて、氏郷の没年にあたる文禄四年に伊予板島《いたじま》（後の宇和島）七万石の大名となった高虎の軍制は、いかにして整備されたのだろうか。

高虎は、慶長五年の関ヶ原の戦いでは東軍に属して西軍方大名の内応工作をおこない、その恩賞として徳川家康から加増を受けて二十万石の伊予今治城主となる。慶長十三年には、伊賀一国・中部伊勢の二十二万石を得て転封し、慶長十九、二十両年の大坂の陣では先鋒を務めて奮戦して五万石の恩賞を受け、最終的には三十二万石となった。

このような度重なる加増に伴い、高虎は早急に家臣団の規模を拡大する必要に迫られた。彼は自らのアプローチで渡辺勘兵衛《かんべえ》了《さとる》（二万石）のような天下に名の通った「渡り奉公人」を高禄で召し抱えたり、重臣の推挙や本多正信《ほんだまさのぶ》・小堀政一《こぼりまさかず》・朽木元綱《くつきもとつな》などの親しい大名・旗本の肝煎《きもいり》というルートを活用して、牢人を家臣団に編入した。

高虎の軍制の近世化は、大きくは関ヶ原の戦いと大坂の陣の二段階を経て成立した。やはり大規模戦争に対応して促進されているのである。

第一段階は、八万石から二十万石へと加増された関ヶ原の戦い直後である。『公室年譜略』によると、慶長六年四月には、藤堂忠光《ただみつ》に一万石を与えて騎兵三十騎・足軽五十人・鉄炮五十挺・長柄百本・兜三十〓《はね》・幟五本を預け、備を統括する武者大将とする。中村源左衛門にも、五千石として騎兵十七騎・幟二十本・長柄五十本・兜十七〓を預ける。同年九月には、保田元則にも一万三千石を与えて騎兵五十騎・鉄炮足軽六十人を預けている。

高虎の軍制においては、大名となってはじめての本格的な戦闘である関ヶ原の戦いを経験した後に備が成立するのである。

第二段階は、大坂の陣である。ここで近世大名軍制が成立したとみられる。これについては、『高山公実録』慶長十九年十月十一日条に注目する。

高虎は、駿府で家康から大坂冬の陣の先鋒を命じられて帰国した。伊勢津城の御殿の奥の寝室で側近の能吏・西島之友《にしじまゆきとも》のみを召して軍法と陣立書を作成して、武者大将を務める重臣である藤堂仁右衛門と渡辺勘兵衛に発給した。そして軍勢の幟と旗指物および兜の前立を統一し、高虎の側近に控えた小小姓《こごしょう》には猩々《しょうじょう》緋《ひ》の袖なし羽織を着せたことが記されている。

ここからは、軍法と陣立書のセット発給による軍勢統制がおこなわれたばかりか、軍装統一も進められていたことがわかる。氏郷の没年に取り立てられた後発大名の高虎の軍にも、ようやく大坂の陣を控えた時期に、近世軍制が成立したのである。これについては、家康から徳川軍の先鋒という大役を命じられたことが、きっかけになったとみられる。

織豊時代における大名軍制は、信長に始まる天下人の戦争への従軍を通じてシステム化された。戦争史的には、とりわけ大名軍隊内における備の成立が重要であった。もちろんその前提は、石高制にもとづく近世知行制の導入によって、領知高と軍役の相関関係が定まったことにある。

諸大名は、備を基礎単位として軍隊を編成したのであるが、軍法と陣立書をセットで備のリーダーである武者大将に与えて厳しく統制するに至る。蒲生氏のように早熟的に近世化したケースもあったが、諸大名においては朝鮮出兵から大坂の陣まで、すなわち文禄・慶長年間（一五九二〜一六一五年）にそのレベルへと到達したと考える。

人身売買禁止令

近世大名軍隊は、「公儀の軍隊」たることを義務づけられた。粛々と行軍して戦場に向かい、陣立書にもとづき戦闘を遂行することになっていた。さらに軍法によって町や村などへの狼藉行為は厳禁されたのであるが、これらの原則は遅くとも大坂の陣までに実現したのだろうか。

戦国の終焉を告げた大坂夏の陣の翌年にあたる元和二（一六一六）年十月に、江戸幕府は次の人身売買禁止令（『大日本史料』第十二編之二十五）を発した。

一、人の売買の事、一円停止たり、もし売買濫《みだり》の輩は、売損・買損の上、売らるる者は、その身の心にまかすべし、ならびに勾引《かどわかし》売りにつきては、売主は成敗、うらるる者は本主（人）へ返すべき事、

すなわち人身売買は一切禁止とし、もしみだりに取引した者は売損・買損とされ、かどわかし売りについては、売った者は死刑と定められたのである。この法令は、元和偃武《げんなえんぶ》が実現したことにあわせて、はじめて幕府が発令したものではなく、以前からの法令を改めて出したものとみられる。これには、関連する同年十月二十九日付朽木元綱宛板倉勝重《いたくらかつしげ》書状案（『朽木家文書』）がある。

京都所司代であった板倉勝重は、京都でかどわかされ売られた女性たちについて、先年のごとく近江国でも女改めをするように将軍秀忠から仰せつけられたので、領分でも若狭に抜けてゆく女性たちについては改めるようにと、朽木元綱に指示している。あわせて、かどわかされた「十五歳より下」の男童部《わらべ》についても改めるように依頼している。なお、指示を受けた朽木氏とは近江国朽木谷（滋賀県高島市）で九千五百九十石を領した大身旗本である。

女性に対する改めとは、具体的には関所で「手形」すなわち女性の通行許可書である女手形の所持をチェックすることである。女手形は、江戸幕府の草創期から大留守居（幕府の職

掌で大身旗本が任じられた）とは別に、朝廷や豊臣氏に対する監視と折衝が任務であった京都所司代も発行していた。

これまで京都所司代の発行した最古の女手形は、元和七年二月十日付で勝重の嫡男重宗《しげむね》が「京都より佐渡まで女改奉行衆」に宛てたものとされてきたが、先の勝重書状案によって、元和二年十月以前から発行されていたことが判明した。

この初期史料からは、近江国において元和二年を画期として人身売買の禁止が強化されたことがうかがわれる。同年十一月には、元綱の子息宣綱《のぶつな》が朽木氏領内の女改め関所の様子を将軍徳川秀忠の年寄衆に伝えたことがわかる。女性や男童部の改めとは、具体的には関所で検問して、女手形を所持していない女性や不審な男童は拘留し、詮議のうえ売買が明白な場合は解放することである。

勝重が、かどわかされ売買された女性や男童部が京都から若狭へ向かっていると認識していることから、大坂の陣によって大量に発生した戦争奴隷が若狭小浜《おばま》などに集められ、アジア諸国に売り飛ばされた可能性がある。

かどわかしたのは、基本的に地元勢力ではなく、外部から侵攻してきた幕府軍関係者とみなければなるまいが、深刻なのは翌年になってもかかる事態が終息していなかったことである。東軍関係者はとうに帰国していたはずだから、「商品」となっていた女性や男童部が京

図4－2（上）図4－3（下）ともに大坂夏の陣図屏風（大阪城天守閣蔵）

都に相当に滞留しており、その一部が海外市場をめざして若狭へ送り込まれていたとみられる。

ここに、人盗り物盗りの現場を描いた生々しいシーンを、黒田屏風として知られる大坂夏の陣図屏風（大阪城天守閣蔵）から紹介しよう。

華やかな小袖を着た若い娘が、なんと三つ葉葵紋の指物を差した雑兵たちに両手を取られて、今まさに拉致されようとしている（図4－2）。「公儀の軍隊」であるはずの幕府軍が、この為体《ていたらく》なのである。続いて、神崎川を越えて北摂の郷村地域に避難しようとする民衆に襲いかかる野盗や追いはぎたちが描かれている。彼らが、幕府方の雑兵である可能性は否定できない。上半身裸の女性が彼らに命乞いする姿は、まことに哀れである（図4－3）。

これらのシーンは、絵画史料であるがゆえの誇張とみる向きもあるかもしれない。しかし次に示す戦争奴隷の関係史料からは、史実に近い描写と判断することが許されるであろう。

アジア諸国に売られる戦争奴隷

天正十五年のバテレン追放令に関する「十八日覚」（同年六月十八日豊臣秀吉覚書）にも、次のような人身売買禁令が含まれている。

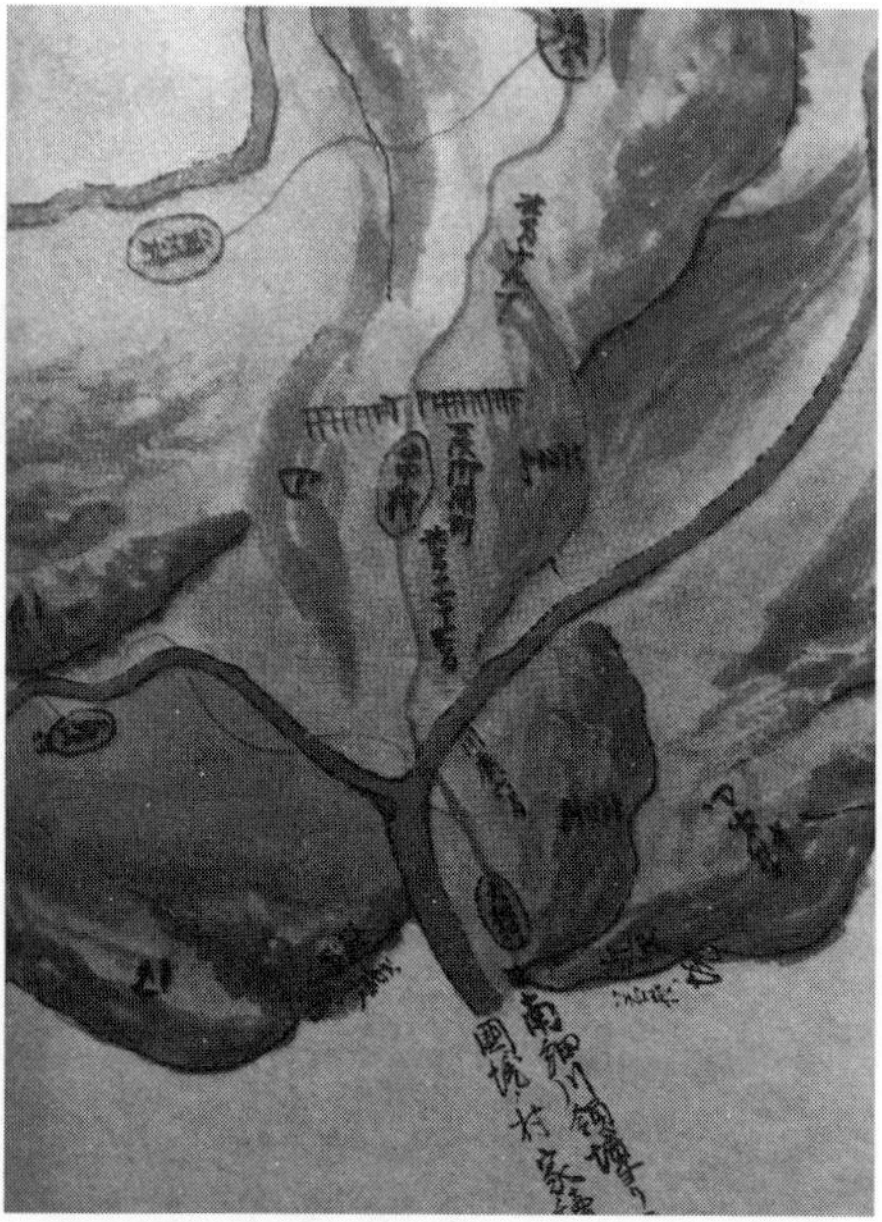

図4－4　山中関周辺を描いた絵図（『朽木家古文書』下巻より）

一、大唐・南蛮・高麗へ日本仁《（人）》を売り遣わし候事、曲事に付き、日本において人の売り買い停止の事、

秀吉の九州攻めに際して、大量の人盗りがあり、それが中国・南蛮（東南アジアであろうが、ヨーロッパや中南米にも日本人奴隷がいたことが指摘されている）・朝鮮国に売り飛ばされていたことが、禁令の前提にある。宣教師に向けてバテレン追放令とセットで出された条文であることからも、資金繰りに窮していたイエズス会が奴隷売買に関与した疑いがもたれるのであるが、実際にそれが事実であったことが明らかにされている。これには、当時の中国において成人女性の質入れや売買が慣行として浸

透していたことも影響したであろう。

ここで、朽木領内に設けられた女改め関所とその周辺を描いた絵図が伝存しているので掲げたい。それが、内閣文庫『朽木家古文書』下巻に収録された「近江国高島郡之内　朽木兵部少輔（宣綱）領分　朽木谷之絵図」の表題をもつ絵図である。

それは、縦七〇センチメートル・横八一センチメートルのもので、全体に朽木領が描かれ、今津から若狭に抜ける九里半街道沿いの山中村（滋賀県高島市）に設けられた関所（山中関）が柵によって簡略に描かれ、その下に「女改御関所」と注記されている（図4-4）。

本絵図については、「内閣文庫が所蔵している江戸幕府関係古文書類の中に混入していたもの」と指摘されている。おそらくは、朽木宣綱が関所の様子を知らせるために幕府に提出したものとみてよいであろう。

大坂夏の陣直後の元和元年五月、醍醐《だいご》寺僧侶の義演《ぎえん》は戦場で「女・童部」の略奪が多発していることを書き記している（『義演准后日記』）。ここで取り上げた史料や絵図は、まさにそれに対応した幕府の政策に関係するものとみるべきである。

そして朽木領に設けられた女改め関所が、江戸時代を通じて存続・機能していたことからも、戦後処理のための時限立法とみられてきた元和二年十月の人身売買禁止令の評価については、再考の余地が生ずるであろう。それにしても、国内の戦禍が海外へと不幸を拡散したことは深刻である。二度と故郷へは帰れない大量の弱者の存在が、そこにはあった。「公儀軍」だったはずの家康を頂点とする幕府軍も、禁止されていた物盗り・人盗りをおこなっていたのである。軍法で禁止していた禁令も、あくまでも建前だった可能性も少なくない。誕生したばかりの近世大名軍隊も、実態的には中世の軍隊がもつ野蛮性を十分には克服できないまま国内戦場が閉鎖されたとみられる。

3 大規模一揆と幕府軍

島原・天草一揆の実像

原城は、現在の長崎県南島原《みなみしまばら》市に存在した城郭で、世界遺産に指定されており、訪れるたびに整備が進んでいる。先年訪問した折には、本丸大手の石垣が積み直されており、キリシタン大名有馬氏が築城した当時の重厚な雰囲気が伝わってきた。なお、往時の原城についてはCGで復元・公開されている（「原城VR～よみがえる原城～南島原市」を参照されたい）。

ここは、寛永十四（一六三七）年十月に勃発した島原・天草一揆の籠城勢が、まさに城を枕に討ち死にした「墓所」そのものだった。本丸大手道を発掘した結果、一面に遺骨が散らばっており、それらは一体としてまとまったものが見つからなかったという。つまり、幕府方によって一揆に属した老若男女全員が惨殺されて捨てられ、そのうえに本丸の石垣が崩され埋められて、散乱した石が「墓標」となっていたのである。

これまで武士同士の戦争について述べてきたが、近世大規模戦争の掉尾を飾るのが百姓を主力部隊とするこの大一揆に対する鎮圧戦だった。籠城勢は約三万七千人で、そのなかには約一万三千人以上の老人や女性と子どもたちが含まれていた。このような一揆勢を前に、幕府軍はいかなる戦闘を試みたのだろうか。

大軍を擁した幕府軍だったが、対する籠城衆は天草四郎《あまくさしろう》（益田《ますだ》四郎時貞《ときさだ》、洗礼名フランシスコ）を大将に、改易大名小西氏の家臣出身の牢人たちがリーダーだった。彼らは、鉄炮をはじめとする火器のあつかいに長じていたから、大軍をものともしなかった。しかも、城郭機能を停止しただけの「原古城」には石垣と一部ではあるが建造物が残存していたようで、簡単な改修によって近世城郭としての機能を復活することができたのである。

戦慣れした牢人たちが、かつての足軽だった百姓たちに下知して、島原城主松倉氏の蔵から奪い取った大量の鉄炮と火薬・玉を有効に用いれば、軍勢に勝る幕府軍といえども城郭を乗っ取るのは至難の業だった。原城攻撃は、正確には本城級の近世城郭攻撃と評価すべきなのである。

幕府方は原城を厳重に包囲して波状攻撃を加えたが、一揆勢は戦意が高く功を奏しなかった。大軍勢を擁しながら、結果的ではあるが兵粮攻めとなってしまったのである。落城するまでの三ヶ月間、幕府方の軍隊からの需要を見込んで戦場には市が立ち、「死の商人」たちが大もうけしたという。

幕府軍を構成する大名軍の裾野には、大坂の陣の後、大量に発生した牢人たちの一群があった。彼らは、戦争を待望していた。なぜなら、二十歳だった若武者も中年にさしかかっていたから、彼らはこの戦いを仕官のための人生最後のチャンスと位置づけ、「陣借り」すなわち大名の軍隊に頼み込んで従軍した。この戦争は、幕府軍対一揆勢と位置づけられてきたが、戦乱に翻弄された牢人たちの生涯をかけた戦いでもあったのである。

攻城戦においては、牢人や各藩の家臣間で、戦場における目撃証言書として膨大な書付が取り交わされ、軍功を相互に証明し合った。近江富永荘（滋賀県長浜市）出身の牢人雨森清《あめのもりきよ》広《ひろ》（江戸時代中期の儒者雨森芳洲《ほうしゅう》と同族）のケースを紹介しよう（「雨森文書」）。

清広は、縁あって筑後柳川《やながわ》藩主立花宗茂《たちばなむねしげ》の軍勢に陣借りして、原城攻撃に参陣することができた。勇猛な彼は原城の石垣を登って本丸に突入したが、その奮戦ぶりは宗茂と子息親俊《ちかとし》（三池藩主立花種長《たねなが》の名代）の話題に上るほどで、幸いにも幕府上使目付石谷貞清《いしがやさだきよ》から感状を得ることができた。

清広は、牢人や諸藩の藩士と互いに軍功を証明する書付を交換しあった。従来、戦場における軍功については自主申告だったのであるが、原城攻撃においては、より正確な資料の提出が求められたのである。

それまでのような誰の目にも功名がわかる悠長な戦争ではなく、首はもちろん、鼻や耳を奪い合うすさまじい白兵戦だったことがうかがわれる。ちなみに中津藩主小笠原長次《おがさわらながつぐ》の後見役として出陣した剣豪宮本武蔵《みやもとむさし》は、城内からの投石にあって臑《すね》を負傷し、まったく活躍することはできなかったという。

戦後、貞清の取りなしで、清広は出雲松江藩で二百石取りの藩士となることができた。なお、貞清は島原・天草一揆の後に多くの牢人の仕官斡旋《あっせん》に当たったといわれるが、清広のようなラッキーなケースはやはり限られていた。

幕府の威光も及ばず

島原・天草一揆は、中世以来の反権力闘争の最後を飾る大規模な農民闘争として位置づけられてきた。確かに、十二万人超の幕府軍に対して三万人超といわれる一揆勢が蜂起するや、たちまち肥後富岡城《とみおか》（熊本県天草郡苓北町《れいほくまち》）や肥前島原城（森岳城、長崎県島原市）を危機に陥れて以来、原城が落城するまでの実に四ヶ月間にわたって激しく抵抗し続けたことは、驚異的かつ悲惨な出来事だった。大坂の陣ですら、実質的な戦闘期間は約三ヶ月である。

現地に派遣された総大将板倉重昌では能力不足と判断した幕府は、なんと老中職にあった松平信綱（知恵伊豆）を新たな総大将として現地に派遣したため、焦った重昌は信綱の到着する直前の寛永十五（一六三八）年の元日を期して総攻撃を命じた。

しかしその結果、重昌自身が城中めざして突撃し、銃弾を受けて戦死するという惨めな敗戦に終わった。プライドのためなら死をも甘受するという、戦国武将の哀れな最期である。現在、原城の三の丸跡には彼を悼む石碑が残る。ただし、重昌は大坂の陣などを経験してきた歴戦の武将であり決して無能だったわけではなかった。実際、重昌にとっては島原・天草一揆は、思うに任せぬ無念な戦いだったのだ。

重昌は、京都所司代板倉勝重の次男で、将軍徳川家光側近のエリート武将だった。しかし当時は三河国深溝《ふこうず》藩主で一万五千石の小大名に過ぎず、それに加えて九州に本格的に譜代大名が置かれたのが、わずか五年前の寛永九年のことであるから、参陣した九州の外様大名が素直に彼の軍令に従うわけはなかったのである。それまでの豊後府内目付を介しての幕府の意向をうかがうという彼らの姿勢には、変化がなかったのだ。

諸大名は、武家諸法度（寛永十二年令）の趣旨に沿って、出陣にあたって幕府の指令を待った。重昌にしても江戸までの距離が災いして、幕府の意志を正確に把握するには、時間を要したのである。